캐빈 폰

Cabin
Porn

CABIN PORN:
Inspiration for Your Quiet Place Somewhere
by Zach Klein

Cover Credit: Collected by Beaver Brook
Interior Credit: Collected by Beaver Brook
Edited by Zach Klein
Feature Stories by Steven Leckart
Feature Photography by Noah Kalina

캐빈 폰

나무, 바람, 흙

그리고
따뜻한 나의 집

쟈크 클라인
스티븐 렉카르트
노아 칼리나

김선형 옮김

Cabin
Porn

판미동

우리는 모두 언제든 짓기만 하면 되는 통나무집 한 채를
마음속에 품고 삽니다. 통나무집을 지으려면 자재가
넉넉하게 들지만 보람은 크겠지요. 한적한 곳에 자리
잡은 오롯한 나만의 안식처, 친구들을 따뜻하게 대접할
수 있는 장소가 생길 테니까요.

지난 6년간 우리는 최대한 자신에게 특별한 의미를 지닌
장소 근처에서 자재를 구해 수작업으로 지은 1만
2000채가 넘는 나무집에 대한 사연과 사진을
모았습니다.

이 책에서는 그중에서 여러분에게 영감을 줄 만한 200채
이상의 집을 소개하고 열 가지의 특별한 이야기와
사진들을 선보이고자 합니다.

INTRODUCTION: BEAVER BROOK

1. BACKCOUNTRY

2. FIXER-UPPERS

3. RUSTIC

"집을 짓는 데는 시간을 초월하는 한 가지 건축법이 있다. 그것은 수천 년 전부터 존재했고, 지금까지 그래 왔던 것처럼 오늘날에도 똑같은 가치를 지니고 있다. 과거의 훌륭한 건축물, 즉 마음을 편안하게 해 주는 마을과 천막집과 사원들은 모두 이러한 건축법의 핵심을 잘 아는 사람들이 지은 것이다."
— 크리스토퍼 알렉산더

서문
INTRODUCTION

커뮤니티를
건설하는 법

건물이라고는 처음 지어 보는 사람들이 다 같이 함께 배우고
실천할 수 있는 숲속의 안식처를 짓다.

🌲

뉴욕주 배리빌

도시에서 멀찍이 떨어진 곳에 무엇이든 할 수 있는 땅이
필요했다. 온라인 커뮤니티를 구축하는 일을 하며 6년을
보내고 나니 오프라인에서도 공동체를 만들고 싶었다.
구체적으로 말하자면 일 생각은 잊고 친구들끼리 서로
의지하며 새로운 기술을 익힐 수 있는 야외의 공간이
필요했다. 나는 경험이라고는 하나도 없는 우리가 손수
지은, 아늑한 집들이 옹기종기 들어선 풍광을 상상했다.
뉴욕주 북부에서부터 탐색은 시작되었다. 우리의 작은
집짓기 실험을 주민들이 이해해 줄 만한 장소를 찾아야
했다.
　뉴욕주 북부에 사는 대부분의 사람들이 그렇듯 나 역시
허드슨강가에서 살았다. 북동부의 생명줄인 허드슨강은
캐츠킬산맥을 따라 뉴잉글랜드를 대표하는 소비자
직접수확 과수원과 건국 초기 양식의 건물들이 즐비한
광활한 골짜기로 흘러 들어온다. 그곳은 예쁜 곳이었지만
내가 바라는 야생의 느낌이 살아 있는 땅은 아니었다.
나는 결국 다른 곳을 찾아보기로 했다. 1년에 걸쳐
뉴욕시를 중심으로 반경을 넓혀 가며 돌아다녔다.
그러다가 어퍼 델라웨어 밸리 위쪽 고산 지대에 있는
헛간과 사유지를 임대할 수 있다는 귀띔을 얻었다.
한 번도 가 보지 않은 낯선 지역이었다.

4월 하순 나는 친구를 대동하고 답사를 떠났다. 포트 저비스에서 고속도로를 나오자마자 이곳엔 정갈한 농장 따위는 없다는 걸 확실히 알 수 있었다. 델라웨어강을 에워싸고 있는 야산에는 숲이 빽빽하게 들어차 있었고 강가로 이어지는 경사가 가팔라서 꼬불꼬불한 시골길 하나도 간신히 나 있을 정도였다. 지표 역할을 대신하는 것은 띄엄띄엄 무너져 가는 집들이었다. 측면에는 짙은 물안개가 흐드러지게 깔려 있었고 실개천은 흙탕물이 된 채 강둑을 따라 졸졸 흘렀다. 우리는 고사리가 무성하게 우거진 산언저리로 들어갔다. 1700년대 이후 새로 자라난 식생이 어마어마했다. 원래는 벌목한 통나무를 원목을 가공하는 필라델피아까지 떠내려갈 수 있도록 깨끗하게 밀어 버렸던 지역이었다. 이곳 나무들은 목자재로 쓰이거나 영국 함선의 마스트로 쓰였다.(영국 왕은 한때 배를 띄울 수 있는 강의 10마일 반경 내에 있는 모든 나무의 소유권을 주장했다.) 요즘은 아이스박스에 맥주를 가득 실은 외지인들이 뗏목을 타고 델라웨어강을 따라 유유히 떠내려와 이곳 나무를 베어 땔감으로 쓴다.

헛간은 우리 목적에 맞지 않았다. 높은 가격에 비해 마루도 깔려 있지 않은 방들이 너무 많았다. 그러나 나는 이미 그 지역에 홀딱 반해 있었다. 텔 식당에 들러 샌드위치를 먹으면서 휴대폰으로 등록된 부동산들을 다 훑어보았다. 중개업자 홈페이지의 섬네일을 보자마자 감이 왔다. 강 상류로 2마일 반을 올라가면 50에이커에 달하는 숲 지대가 매물로 나와 있었다. 사유지에는 히코리숲 사이로 난 흙길이 있었고 그 길을 따라가면 전기도 안 들어오고 배관도 없는 헛간 스타일의 소박한 통나무집 한 채가 나왔다. 그 집은 델라웨어강으로 들어가는 시냇물 위에 우뚝 솟아 있었다. 지류의 강둑을 따라 동쪽의 세쿼이어라 불리는 100살 넘은 이스턴 화이트파인 나무들이 중력을 거스르는 각도로 비스듬히 자라고, 훤히 드러난 나무뿌리들이 축축하게 이끼 덮인 돌무덤에 마구 뒤엉켜 있었다.

그로부터 몇 달이 지난 8월, 나는 아내 코트와 10명쯤 되는 친구들을 데리고 새로 산 땅에 캠핑을 하러 갔다. 래프팅을 즐기러 온 한 무리의 청년들이 읍내 시장에서부터 우리를 보고 파티를 기대하며 3마일을 따라왔다.

비버 브룩 입주민들은 2011년 가압 처리된 더글러스 전나무와 집라인(zipline) 장비를 이용해 현수교를 지었다.

우리는 그들에게 이왕 이렇게 된 거 하루 묵고 가라고
제안했다. 우리는 다 같이 별채를 청소하고 장작불
노천탕을 조립하며 낮 시간을 보냈다. 시냇물에서 깨끗한
물을 끌어와 노천탕을 가득 채웠다. 사슬톱이 윙윙거리는
가운데 자작나무를 잘라 첫 장작더미를 쌓았다. 언덕
등성이에서 판판한 돌을 뽑아 시냇물에서 통나무집까지
물을 길어 올 발판을 만들었다. 그날 저녁에는 숯 더미에
올린 더치 오븐에 양고기 어깨살을 조려 먹었다. 요리가
생각보다 오래 걸려서 해가 저문 뒤 자동차 전조등을 켜고
식사를 했다. 나중에는 방 하나짜리 통나무집에 모여 울
담요를 덮고 누워 제이스 쿡이 책을 읽어 주는 소리를
들었다. 노천탕에서 한참 몸을 녹여 기분 좋은 온기에
젖은 채로 통나무집 안의 친구들을 둘러보았다. 그 주말을
기해 내 인생 최고의 한 해가 시작되었다.

'비버 브룩'은 한가운데로 가로질러 흐르는 시냇물을
따서 지은 이름이다. 우리 패거리는 지금도 비버 브룩을
공유하고 있다. 그곳은 우리의 캠프다. 우리는 환상적인
자연을 체험하고 건축과 예술과 음식을 만들며 공동체
건설을 연습하고 새로운 기술을 익히면서 서로 함께하는
시간을 즐긴다. 그곳에 있으면 기가 막히게 근사한 기분이
든다. 먹기 좋은 크기로 자란 송어가 잡히고, 여름마다
반딧불이 군집이 모여들며, 겨울이면 꽁꽁 언 시냇물 위로
다람쥐 발자취와 눈신 발자국이 헤아릴 수도 없이 많이
찍힌다. 휴대폰은 아예 먹통이다.(솔직히 야산 꼭대기에
올라가서 신호가 잡히는지 찾아본 친구들이 있기는 하다.)
어떤 날은 귀가 먹먹할 만큼 조용하다가 어떤 날은
우렁차게 포효하듯 시끄러울 때도 있다. 먹다 남긴 음식은
다음 날 어김없이 쥐똥 범벅이 되어 있다. 하지만 무엇
하나라도 바꾸고 싶지 않다.

1800년대 초반 우리 땅은 개간되어 농경지로
전환되었다가 토양이 척박하고 생장 조건이 나쁘다는
이유로 버려졌다. 숲 전역에 널린 돌담들은 이 유령
농장의 경계를 표시한다. 그러다 1900년대 초반이 되었을
때 다시 나무를 베기 시작해 산(酸), 숯, 알코올을
생산하는 인근 공장에 공급했다. 그러다가 자연 재생이
이루어지면서 토착 활엽수와 소나무 숲이 우거졌다.
지금은 햇볕에 땅이 데워지면 환상적인 송진 향기가
퍼진다.

스콧의 오두막은 이 대지에 처음
지어진 건물로, 원목 골조 헛간의
목재를 재활용해 건축했다.

시냇물은 대체로 조용히 흐르지만 여름 폭우가 지나면 폭포수처럼 흘러 골을 더욱 깊숙이 파고 강바닥의 바윗돌과 사암 암반을 드러낸다. 그 즈음이면 우리는 먹을 감고 수영을 한다. 여름철 폭풍우가 칠 때는 기울어진 나무가 돌풍이나 벼락에 맞아 쓰러지기도 한다. 그러면 우리는 쓰러진 나무를 부지런히 잘라 땔감을 만든다. 언젠가 나무 한 그루가 시냇물을 건너가기 좋은 곳에 완벽한 다리 모양으로 쓰러진 적이 있다. 그 나무다리가 우리에게 유일한 길이었지만 미끄러워서 위험천만이었다.

결국 한 친구가 낙상하는 바람에 통나무를 치우고 집라인 부품으로 현수교를 만들었다. 그 후로는 이렇다 할 사고가 없었다.

비버 브룩에서 지낸 지 5년이 되어 가는 요즘에는 공식적인 입주권 신청 절차를 마련해 운영하고 있다. 증서도 있고 몇 가지 규칙도 있다. 요점은 맛있는 음식을 먹는 대가로 힘겨운 노동을 아주 많이 해야 한다는 것이다. 튼튼한 심장과 강직한 노동 윤리의 소유자라는 확신을 주는 사람에게 우리는 합류를 허락하는 초대장을 발부한다. 1년에 몇 개월은 주말에만 올 수 있고, 긴 여름철에는 비버 브룩을 마음껏 만끽하는 특혜를 누릴 수 있다. 이곳은 1년 내내 적어도 한 사람 이상은 거주한다. 우리는 힘을 합쳐 다양한 부대시설을 설계하고 지었다. 숙소 다섯 채, 대규모 모임을 위한 합숙소 한 채, 장작불로 때는 사우나, 온갖 종류의 연장 창고, 야외 화장실 몇 채, 거기다 인분을 버리려고 땅 한 뙈기에 울타리도 설치했지만 결국 그렇게 하지는 못하고 보통은 장작을 쌓아 두는 용도로 사용한다.

브라이언 제이콥스와 그레이스 케이핀이 야심차게 구상한 통나무집 한 채는 3년째 건설 중이다. 언덕 위로 20피트가량 튀어나와 있는 이 집은 나무에 올린 철골조를 떠받쳐 기둥 역할을 하는 나무들이 바람에 흔들리도록 설계되어 있다. 이 커플은 주말에 시간을 내어 모든 작업을 손수 했고 무거운 건축 자재를 운반하는 때만 우리들의 도움을 구했다. 원목 벽널은 파인타르와 린시드유로 코팅했다. 북유럽의 조선 기술자들이 습기와 혹한으로부터 목재를 보호하기 위해 개발한 이 기법은 비버 브룩의 축축한 기후에서 빛을 발했다. 이 나무집에서 가장 눈에 띄는 특징이라면 3면 회전창을 들 수 있는데,

덕분에 시냇물을 공중에서 내려다보는 듯한 전망이
가능하다. 따뜻한 날 8평방피트에 달하는 회전창을 열어
두면 시원한 공기가 통하고 창밖에서는 시냇물 소리가
들려온다. 겨울에도 난로의 온기가 빠져나가지 않도록
완벽하게 열기를 붙잡아 둔다.

최근 들어 우리는 비버 브룩 학교를 설립했다. 매년
지원자들 중에서 10명 남짓을 이곳에 초대해서 건축
기술을 배우도록 돕는다. 2013년 이후로 열일곱 살부터
일흔 살을 아우르는 다양한 연령대의 수강생들이 전
세계에서 머나먼 비버 브룩까지 와 주었다. 심지어
핼리팩스와 헬싱키에서도 찾아왔다. 2014년에는
참가자들이 일본식 목재골조 건축기법을 활용해 등걸들
위로 오두막 한 채를 지었다. 우리는 학교를 1년 내내 상시
운영할 계획이다. 이를 통해 비버 브룩이 자원 보존과
지역사회 활성화를 도모하는 시도에 하나의 모델이 될 수
있기를 바란다. 판타지를 딛고 현실로 도약하는 건 어렵지
않다. 주위를 둘러보고 영감을 찾는 데서 그것은 이미
시작된다.

비버 브룩을 건립하고 얼마 되지 않아 나는 '캐빈
폰(Cabin Porn)'이라는 웹페이지를 만들었다. 이곳에서
친구 몇 명과 함께 우리가 꿈꾸는 집의 가능성을 보여
주는 사진들을 수집했다. 쉽게 구할 수 있는 자재를
이용해 기발한 아이디어와 장인 솜씨로 흥미진진하게
만들어진 건축물을 찾았다. 집을 짓는 과정을 통해 배워
나가며, 흔들림 없는 결단력으로 무장한 대담무쌍한
사람들이 일구어 낸 건축물을 모았다. 2010년 이후
웹사이트 방문객이 1000만 명에 육박했고, 1만 2000명의
사람들이 자신의 나무집 사진을 우리와 나누었다.

'캐빈 폰'이 그토록 많은 사람의 마음을 움직였다는 게
나로서는 놀랍지 않다. 우리가 첨단기술의 세계로 더욱
깊숙이 빠져들어 갈수록 눈앞에 펼쳐지는 자연 풍광은
점점 더 숭고해진다. 통나무집 사진은 야생의 자연을
당장이라도 들어가 살 수 있는 주거 공간으로 재구성하는
효과가 있다. 그런 환상이 현실인 경우는 거의 없지만
이런 사진을 볼 때마다 우리는 누구나 마음속에 언제라도
노력하면 지을 수 있는 집 한 채씩을 품고 있다는 걸
새삼스럽게 떠올리게 된다. 내 힘으로 보금자리를 마련할
수 있고 소박한 건물에서 따뜻한 환대를 베풀 수 있다는

수공으로 지은 캔틸레버(cantilever, 한쪽 끝이 고정되고 다른 끝은 받쳐지지 않은 보로, 외관은
경쾌하나 같은 길이의 보에 비해 4배의 휨 모멘트를 받아 변형되기 쉬우므로 강도 설계에 주의를
요한다. 주로 건물의 처마 끝, 현관의 차양, 발코니 등에 많이 사용된다. 외팔보라고도
한다.[두산백과사전]) **구조의 집은 여전히 진행형이다.**

사실을 깨닫게 되면 정말이지 멋진 자신감이 솟아오른다. 더욱 많은 사람들이 이 도전에 응해 그 기쁨을 깨닫기를 바라 마지않는다. 요즘은 과거 어느 때보다 연장과 자재가 값싸졌고 대가 없이 얻을 수 있는 노하우도 무궁무진해졌다. 온라인과 오프라인 커뮤니티의 도움을 얻으면 멘토를 구할 수 있고 자력으로 집을 짓도록 도와주는 길잡이를 구할 수 있다.

—자크 클라인

합숙소는 펜실베이니아주의 헛간 자재를 재활용해 건설되었다.

나무 땔감을 쓰는 사우나는 초심자의 경우 보통
열흘가량 작업하면 지을 수 있다.

사우나에 찌끼가 남지 않도록 땔감은 난로 입구
쪽부터 쌓아 두고 땐다.

오른쪽) 외면은 파인타르를 바른 반턱이음
목재로 시공되었다.

반대편) 비버 브룩 주민들은 쉽게 부식되지 않는
목재 중에서 비교적 저렴한 옹이진 삼목을
선택했다. 의자는 쉽게 청소할 수 있는
탈착식이다.

나무 땔감으로 때는 노천탕은 시냇물을 길어
채운다. 여름에는 물 온도를 40도까지 올리는 데
대략 두 시간 정도 걸린다.

황야에
농가를 짓는 법

자동차로도 갈 수 없는 오지에
아버지와 아들이 시골풍의 농가주택을 짓다.

🌲

캘리포니아주 파인 밸리

1976년 9월 잭과 메리 잉글리시 부부는 열네 살짜리
아들 데니스를 데리고 캘리포니아 빅서 동쪽에 위치한
숲에서 사냥을 하고 있었다. 거친 산봉우리와 깊은
골짜기, 온천이 산재한 260에이커의 국유림인 벤타나
윌더니스는 캘리포니아에서 가장 밀도 높은 퓨마
서식지인데, 멧돼지와 칠면조, 사슴 역시 풍부하다. 잭과
데니스가 사슴을 쫓아 잠시 길 밖으로 나간 사이 메리는
호기심 어린 시선으로 주위를 둘러보는 20대 청년들을
만났다. 청년들은 지역신문의 광고를 보고 왔다면서 이
국유림 한가운데 있는 파인 밸리라는 곳에서 누가
5에이커에 달하는 땅을 경매에 붙일 거라고 말했다.
청년들이 떠나고 잭과 데니스가 돌아오자 메리가 그
소식을 들려주었다.

"누군가 그 땅의 주인이 될 거야. 그게 우리여야만 해."
잭은 열한 살 소년이었던 1930년 이래로 줄곧 파인
밸리를 수시로 드나들면서 하이킹, 캠핑, 사냥, 무지개
송어 낚시를 즐겼다. 잭의 가족은 파인 밸리에서
직선거리로 50마일 북쪽에 자리한 농장에 살았다.
폰데로사 소나무 숲으로 에워싸인 파인 밸리는 비포장
흙길을 따라 걷거나 말을 타고 험준한 산타루치아산맥을
꾸불꾸불 돌아 무려 6마일이나 가야 나오는 곳이다.

국유림 한가운데 자리한 5에이커의 사유지에
지어진 이 통나무집에 가려면 무려 6마일을
걸어야 한다.

1880년경 홈스테드 법[1]이 통과된 후 정착민들은 파인 밸리와 주변 지역에 있는 160에이커의 소유권을 주장하기 시작했다. 세월이 흐르면서 정착민 가족들은 개간되지 않은 땅을 꾸준히 삼림청에 다시 팔아 넘겼다. 잭은 그중 15에이커가량의 대지를 유심히 살펴보았다. 양지바른 목초지 근처에 있는 시냇물을 끼고 있는 대지는 달빛을 받으면 은은하게 빛나는 거대한 사암 바로 밑에 있었다. 다 쓰러져 가는 통나무집들의 잔해가 군데군데 남아 있었지만 이미 아무도 살지 않은 지 오래였다. 1936년 잭이 열일곱 살이 되던 해 그는 소유주에게 연락을 취했다. 땅 주인은 에이커 당 1000달러 이하로는 절대 팔 수 없다고 했다.(15에이커의 지가를 오늘날의 화폐 가치로 환산하면 25만 7000달러가 된다.) '너무 비싼걸. 뭐, 할 수 없지.' 잭은 포기하고 말았다.

제2차 세계대전에 참전해 복무한 잭은 고향으로 돌아와서는 목수 일을 했다. 그 무렵 아내 메리를 만나서 결혼했다. 그녀는 돼지 농장 집 딸로 에이브러햄 링컨의 후손이었다. "귀여운 여자였어요." 잭은 회상한다. "160cm의 키에 48kg이었는데, 평생 별로 안 변했어요." 잭은 메리에게 스크럼셔스(scrumptious, 탐스러운 여자라는 뜻—역주)라는 별명을 붙여 주었다. 부부는 함께 알래스카와 캐나다에 있는 미개척 삼림을 여행하며 사냥을 즐겼다. 그러다가 파인 밸리에서 자동차로 두 시간 거리에 있는 소퀄에 집을 짓고 종종 트레킹을 즐겼다. 데니스가 생후 6개월이 됐을 때부터는 아들도 데리고 다녔다. 데니스가 청소년으로 성장할 때까지 그들은 헤아릴 수 없는 낮과 밤을 등산과 캠핑을 하며 보냈다. 그래서 1976년 파인 밸리의 작은 나대지를 살 기회가 왔을 때 그들은 조금도 망설이지 않았다.

잭이 사냥한 사슴을 손질해 포장하고 난 후 그들은 1966년 폭스바겐 비틀을 주차해 둔 마을까지 6마일을 다시 걸어갔다. 그리고 그들은 지역신문에 실린 광고를 찾아냈다. 1936년에 사려고 했던 15에이커 대지는 조금씩 분할 매매되어 5에이커만 남아 있었다. 땅의 소유주가

---

1. Homestead Act, 남북전쟁 당시 1862년 선포된 미국의 자영농지법. 5년간 일정 토지에 거주하며 개척한 자(이민 포함)에게는 160에이커의 토지를 무상으로 급여하고, 6개월 동안 거주한 자에게는 토지를 1에이커에 1달러 25센트의 염가로 구입할 수 있도록 규정되어 있다. 미시시피강 서편을 신속히 개척하고 동부산업자본을 유치하면서 자영농민을 늘리는 것이 이 법의 목표였다.

잭 잉글리시는 1976년 벤타나 윌더니스에 통나무집을 짓기 시작했다.

최근 사망해 유족이 재산을 현금화하는 중이었다. 경매에 참가한 입찰자는 네 명이었다. 잭과 동생 필은 입찰가로 1만 1000달러를 써냈다. 경쟁 입찰자가 써낸 최고 가격의 세 배에 달하는 금액이었다.

한 달 뒤 잭은 새 땅에 제대로 된 가족의 별장을 짓는 작업에 착수했다. 필은 천막 친 야영장으로 만족하지 못하는 형을 이해할 수 없었다. 어느 쪽으로 접근해도 트럭을 주차할 만한 곳에서 6마일은 더 들어가야 하는 땅이었다. 무조건 현장에서 목재를 조달하고 벌목해서 제재하는 수밖에 없었고, 이는 곧 연장과 장비, 재료를 말에 싣거나 배낭에 메고 운반해야 한다는 뜻이었다. 잭은 사암 지층 바로 아래에 있는 땅을 골랐다. 하지만 필은 언젠가는 낙석에 깔려 통나무집이 무너지고 말 거라고 반대했다. 형제는 말다툼을 했지만 필은 잭의 고집을 꺾을 수는 없었다. 잭은 커다란 방 하나와 아주 작은 화장실을 갖춘 시골풍 콜로니얼 스타일²의 목조 가옥 표준 설계도 초안을 그렸다.

1976년 가을 잭과 데니스는 자재를 파인 밸리로 운반하기 시작했다. 제1차 세계대전 당시 쓰이던 거대한 캔버스 텐트를 설치하고 침낭, 집터, 랜턴과 플래시라이트를 구비해 두었을 뿐 여타의 짐은 거의 갖다 놓지 않았다. 물은 300야드 거리에 있는 샘물에서 길어서 썼다. 음식은 싸 가거나 모닥불로 조리했다. 생선도 잡고 가끔 사슴 사냥도 했다.

금요일 퇴근 후 잭이 픽업 트럭에 짐을 가득 싣고 데니스와 함께 집을 짓는 곳에서 제일 가까운 주차장까지 달려가면 밤 8시 반이 되곤 했다. 걸어서 파인 밸리에 닿으면 밤 10시 반이었다. 빈틈없이 계획을 세워 움직여야 쓸데없이 여러 번 왔다 갔다 하는 낭비를 하지 않을 수 있었다. 삼나무로 틀을 짜고 철망을 붙여 만든 체를 써서 냇가에 자갈과 모래를 따로 쌓았다. 손으로 모래와 자갈을 떠서 5갤런 들이 양동이에 담아 현장으로 옮겼다.

잭은 마음에 드는 큰 돌을 발견할 때마다 주위 와 천막 옆에 따로 쌓아 두었다. 숲길을 걷다가도 빼어난 수석을 발견하면 배낭에 넣고 파인 밸리까지 짊어지고 갔다.

---

2. 유럽에 본국을 갖는 식민지에서 고국의 건축·공예의 양식을 모방하여 식민지풍으로 만든 것을 말한다. 특히 19세기 미국에서 발달한 건축·인테리어의 양식으로, 영국의 영향이 강하다.[건축용어사전]

목재는 현장에서 벌목하고 제재해서 썼다. 연장은 맨손으로 운반하거나 손수레에 실어 가져왔다.

주말마다 잭과 데니스 부자는 많은 연장과 자재를 꾸려서 옮겼다. 한번은 잭이 25파운드짜리 알래스카 사슬톱을 짊어지고, 데니스가 제재기에 쓰는 22파운드 허스크바와 파워헤드를 한꺼번에 두 개씩 옮긴 적도 있다. 가스 발전기처럼 크거나 거추장스러워서 스트랩으로 몸에 고정하거나 짊어질 수 없는 물건은 외바퀴 손수레나 조립식 카트를 썼다. 수없이 현장을 왔다 갔다 하면서 잭과 데니스는 80파운드씩 나가는 철근 다발을 수백 피트씩 맨손으로 옮겼다. 철근 양끝을 스티로폼으로 싸서 둘이서 양쪽 끝을 어깨에 짊어지고 산길을 걸었다. "철근이 반동하면서 온몸을 때렸어요." 당시 호리호리한 10대 소년이었던 데니스의 회상이다. "금세 어깨가 아파왔는데, 그러면 반대편 어깨로 바꿔 짊어지고, 그렇게 이리저리 옮겨 가면서 간신히 갔죠." 현장에는 나날이 철근이 쌓였고 양동이 가득 모래와 자갈도 모였다. "무거운 걸 많이 들었더니 몸이 튼튼해지는 게 실감나더라고요." 데니스가 말한다.

1976년 잭과 데니스는 죽은 지 얼마 되지 않았거나 소나무좀으로 죽어 가는 나무를 골라 베었다. 이듬해 봄에는 제재 작업을 했다. 원목을 말리기 위해 철근으로 랙을 제작해 통풍을 위해 막대기를 끼워 넣고 널판을 쌓았다. 목재가 건조되기를 기다리며 다양한 작업을 병행했다. 잭의 수석 컬렉션도 꾸준히 늘어났다.

자갈과 모래를 충분히 모은 후에는 포틀랜드 시멘트를 대량으로 실어 오기 시작했다. 한꺼번에 시멘트 두 포대씩 실은 노새와 말을 10마리 이상 끌고 간 적도 있었다. 잭은 시멘트를 손수 섞어 자기만의 모르타르를 만들었다. 콘크리트와 철근으로 줄기초[3]를 세우고 벽난로 바닥을 다졌다. 기초 작업은 1977년 봄에 끝났다. 그해 여름에는 축조와 바깥 흙막이 벽, 측벽과 지붕 공사를 마쳤다.

그 후 3년 동안 잭네 가족은 주말이면 거의 파인 밸리에서 보냈다. 메리는 정원에 식물을 심었다. 포도, 블랙베리, 라즈베리와 다양한 과수로 실험을 해 보았다. 잭은 오두막집 인테리어에 힘을 쏟았다. 한 번은 집에서 1/4 마일 거리에서 쓰러진 큰떡갈나무를 발견하고는 아예 제재기를 들고 가자고 필을 조르기도 했다. 아름답고

---

3. foundation wall, 내력벽 또는 전단벽의 밑에서 이들의 기초를 지지하는 콘크리트 또는 시멘트 블록 구조를 말한다. [목재용어사전]

정면 포치를 가로질러 자라는 등나무 넝쿨은 1990년대에 심어진 것이다. 2013년 봄에 처음 꽃을 피웠다.

내구성이 강한 원목이라 마루청으로 쓸 생각이었다.
커다란 통나무 원목으로는 벽난로 선반을 만들었다.
목재에 사슬 톱자국을 남기지 않기 위해서 큰 도끼와
자귀를 써서 원목을 손질했다. 이 테크닉을 쓰려면 먼저
들보를 도끼로 내려쳐 표면을 평행으로 여러 번 자국을
남긴 다음 자귀로 매끈하게 다듬어 내면 된다. 잭은 두세
시간 만에 벽난로 선반을 마감했다. 같은 테크닉으로 천장
들보도 다듬었는데 이 작업에는 시간이 더 많이 들었다.

간이침대 네 개를 만들고 부엌을 설치하고 창문을 낸 뒤
굴뚝, 토대, 벽난로의 석공 작업에 착수했다. 작업은 한
번에 조금씩 진행했다. 계곡의 강둑과 산길에서 모은 돌은
충분했다. 석공은 순전히 미관을 위한 작업이었지만 그
덕분에 오두막집에는 그 지역의 아름다운 자연 풍광에
어울리는 섬세한 장인정신의 풍미가 더해졌다. 세월이
흐르면서 5에이커의 대지는 계곡 전역을 통틀어 잭이
가장 사랑하는 장소가 되었다. 1980년 그는 마지막 돌을
올렸다.

그해부터 잭과 메리는 오두막집에서 묵고 가는 날이
많아졌다. 오두막집에 오면 한 달씩 머물기도 했다.
은퇴를 하고 나니 굳이 가야 할 데도 없었다. 잭은
바이올린, 첼로, 비올라의 활을 깎는 데 취미를 붙였다.
숲속에 있으면 시간이 정지한 느낌이 들었다.
1950년대부터 잭은 현대 사회에 갈수록 환멸을 느끼고
있었다. 상업주의가 부상하면서 사람들은 농사를 짓고
집을 짓고 물건을 만드는 일로부터 등을 돌렸다. 물건의
질도 점점 떨어졌다.

"진보 같은 건 관심이 없어요. 차라리 과거로 돌아가고
싶습니다. 아내도 같은 생각이었지요." 잭이 말한다.
"아내를 잃은 뒤로는 예전 같지가 않아요."

메리는 2001년 일흔여덟의 나이로 세상을 떠났다. 얼마
되지 않아 잭은 오두막집에서 살기 시작했다. 소퀼의 집에
있으면 견딜 수 없이 아내가 보고 싶었다. 파인 밸리
밖으로 나가고 싶지 않았다. 혼자 하이킹을 하면서 한
달씩 머물다가 가끔 마을로 내려와 생필품을 사고
관리비와 제세공과금을 내고 데니스와 손자에게
방문했다. 잭은 메리의 재를 작은 카드보드지 상자에
보관하여 가는 데마다 들고 다녔다. "납골 항아리 같은 건
다 싫다고 하셨어요." 데니스는 말한다. "무거워서 어디든

데니스는 소년 시절 아버지 잭을 도와
바위산 아래 작은 오두막집을 지었다.

'스크럼셔스'라는 애칭으로 통했던 잭 잉글리시의
아내 메리의 사진이 큰떡갈나무를 잘라 만든 벽난로
선반 위에 놓여 있다. 수작업으로 마감한 원목 표면은
큰 도끼로 먼저 찍은 뒤 그 자국을 자귀로 다듬어
완성한 것이다.

오른쪽) 1976년 건축계획위원회에서 막중한 무게를
떠받치는 서까래는 엔지니어의 계측을 거쳐야 한다는
조례를 제정했다. 잭은 친구를 고용해 75달러
비용으로 하루 만에 계측을 모두 마쳤다.

반대편) 이 장작 난로를 헬리콥터로 운송해 오는 데
250달러가 들었다.

건물 외면의 원목 판재는 대패로 깎지
않아서 사슴 톱자국 무늬가 여전히 잘
보인다.

반대편) 잭 잉글리시는 몇 년에 걸쳐
샛강과 산길에 있는 돌멩이를 주워
모아서 굴뚝을 쌓았다.

함께할 수가 없다고 하셨죠."

　이 무렵 잭은 등산객과 배낭여행가들 사이에서
전설적인 존재가 되었다. 울타리는 있었지만 잭은 언제나
문을 활짝 열어 두고 찾아오는 손님을 반가이 맞아
주었다. 어느 추수감사절에는 캠핑객 한 사람이 폭우에
갇혀 잭의 오두막집에 피신한 적도 있다. 잭은 그에게
먹을 것과 따뜻한 보금자리를 마련해 주었다. 그 후로 8년
동안 그 등산객은 추수감사절 때마다 잭의 저녁거리를
손수 챙겨 파인 밸리를 찾아왔다.

　세월이 흘러도 잭의 몸은 여전히 강인하고 튼튼했지만
시간의 흐름을 온전히 막을 수는 없었다. 그에게
부정맥이 생기기 시작했던 것이다. 그 후로 데니스는
아버지가 파인 밸리를 드나들 때마다 따라다니기
시작했다. 마지막으로 잭이 파인 밸리로 하이킹을 갔던

것은 2012년 아흔세 살 생일을 하루 앞둔 어느 날이었다.
3시간 15분 만에 오두막집까지 올라갔는데, 대부분의
초심자들보다 훨씬 빠른 기록이다.

그로부터 몇 달 뒤 잭은 심장마비로 쓰러진다. 데니스는
아버지가 퇴원하면 소퀄의 집에서 함께 살겠다는 결정을
내렸다. 그러나 매달 한 번씩은 아버지를 파인 밸리에
있는 오두막집에 모시고 가는 방법도 마련해야 했다.
다행히도 그 지역 헬리콥터 조종사가 근처 공항에서 20분
비행거리에 있는 오두막집까지 태워 주겠다고 나섰고,
덕분에 잭은 그곳에서 이틀가량 머물다 돌아올 수 있게
되었다. 데니스는 오두막집에서 100야드 거리도 안 되는
초지에 임시로 헬리포트를 만들었다.

2014년 5월 헬리콥터가 착륙하자 잭은 80년 전 자신이
처음으로 탐험했던 땅에 40년 전 손수 지은 집으로 천천히
걸어갔다. 그는 오두막집 뒤편에 자리한, 수십 개의

잭은 아흔세 살 생일 전 3시간에 달하는
하이킹을 끝까지 마쳤다.

반대편 위) 오두막집으로 들어가는 진입로는
구불구불한 흙길로 시작된다.

반대편 아래) 그 지역의 헬리콥터 조종사는
원한다면 언제나 잭을 오두막집 근처에 내려
주겠다고 자청했다.

바이올린 활을 세공해 만든 작업실 근처에 앉았다.
"죽기에 참 좋은 곳이에요." 아흔네 살 잭이 힘겹게 숨을
내쉬며 말했다. "이제는 살날이 얼마 남지 않았어요.
하지만 좋은 삶이었습니다. 불평할 수는 없지요."

    그는 잠시 주위를 찬찬히 둘러보더니 안으로 들어갔다.
오두막집 주변은 별로 변한 게 없었다. 2011년
사암층에서 떨어진 거대한 바위들 몇 개가 산등성이를
굴러 내려와 오두막집 근처 거리까지 덮쳤다. 그러나
지금까지 잭과 데니스가 지은 집을 털끝만큼이라도
건드린 낙석은 단 하나도 없었다.

아카이브
ARCHIVE

노르웨이 그로티
(앙카 람프레크트 & 루카스 베젤 제공)

스웨덴 랩랜드
카르케바게의 오두막
(헨릭 보네비에르 제공)

아르헨티나 파타고니아
(줄리우스 크리스토퍼 바르시 박사 제공)

콜로라도 리드빌 외곽 로키산맥 안
(테일러 L. 애플화이트 제공)

캐나다 유콘준주 에코레이크
(피터 터너 제공)

**캐나다 브리티시 콜럼비아주
로슬랜드의 북아메리카산 솔송나무로 지은 통나무집**
(타일러 오스틴 브래들리 제공)

앞장) **이스트 그린랜드 쿨루수크**
(하우쿠르 시구르손 제공)

태즈메이니아주 후온 밸리
(톰 파웰 제공)

북극권 한계선 위 북부 노르웨이
유목(流木), 돌, 해양 쓰레기로 지은 오두막
(잉게 베게 & 요한 뉘세트 라움 제공)

뒷장) 스웨덴
노라 연안의 섬에 위치한 오두막
(요나스 로이셰 제공)

방갈로를
재생하는 법

한 부부가 다 쓰러져 가는
사막의 소형주택을 속속들이 뜯어 고치다.

🌲

캘리포니아주 원더 밸리

리사 시트코와 더글러스 아머는 부동산 매물 목록에
올라와 있는 집 한 채를 찬찬히 살펴보고 서로의 얼굴을
마주 보았다. 그들은 절대 이 집을 살 일은 없다는 데
마음을 모았다. 1층짜리 방갈로의 유리창은 깨져 있었고
페인트는 벗겨졌으며 집 옆 공터에는 버려진 구형
트레일러가 서 있었다. 사진으로는 부부의 마음을 끄는
구석이 하나도 없었다. 심지어 건물 바로 옆에는 전신주가
경관을 망치고 있었다. 하지만 집이 그들이 있는 곳에서
불과 20분 거리에 있었기에 일단 트럭에 올라탔다. 직접
보고 나서 후보군에서 제외해도 된다는 생각이었다.

　2006년 5월 리사와 더글러스는 직접 고칠 수 있는
주택이 딸린 토지를 찾아 캘리포니아주 원더 밸리 지역을
거미줄처럼 샅샅이 뒤지고 있었다. 원더 밸리는 조슈아
트리 국립공원 북부의 모하비 사막 지대에 있는 평평한
모래 분지로, 사방이 황량한 바위 산맥으로 에워싸여
있었다. 이곳에는 1950년대부터 여기 저기 생겨난 소규모
가옥 수백 채가 버려져 있었다. 1938년 스몰트랙트법이
통과되자 토지 관리국은 연방정부 소유의 사막 수천
에이커를 분양했다. 5에이커와 2.5에이커 넓이의 두 가지

---

4. Fixer-Upper, 낡은 주택을 개조해서 재생하는 사람들

앞마당은 두 사람이 구해 온 자재 창고 역할을
겸한다.

모하비 사막의 원더 밸리에는 1950년대부터 불쑥불쑥 생겨난 소규모 가옥 수백 채가 인적 없이 버려져 있다.

대지를 에이커 당 10~20달러의 초저가로 판매했는데, 단 한 가지 조건이 있었다. 대지를 분양받는 소유주는 적어도 가로 12피트, 세로 16피트가 넘는 건물을 반드시 지어야 한다는 것이었다. 사막으로 대거 몰려온 남부 캘리포니아 사람들은 토지를 분양받아 저렴한 휴양 별장을 지었다. 제2차 세계대전 참전용사들과 교외 거주자가 대부분이었다. 이 별장들이 바로 훗날 '잭래빗 주택(Jackrabbit Homestead)'이라고 해서 유명해진 집들이다. 그러나 이 지역의 최고 기온은 무려 50도에 육박하고 강풍에 흙먼지 바람이 일어 골짜기를 따라 사납게 휘몰아친다. 시간이 지나자 수많은 주민들이 사유지를 포기하고 떠났고 빈집들만 쓸쓸히 남아 악천후에 맞서게 되었다. 오늘날에는 어느 모로 보나 회생할 가망이 없는 집들이 즐비하다. 아예 폐쇄된 집도 있고 불타 버린 집도 있다. 쩍쩍 갈라진 콘크리트 슬라브 주위로 쓰레기와 폐자재가 쌓여 있는 집도 수 없이 많다.

리사와 더글러스가 처음 원더 밸리를 알게 된 건 2001년의 일이었다. 그곳에 별장을 마련한 사진작가 친구의 빈집을 봐주러 갔던 것이다. 당시 두 사람은 로스앤젤레스에서 살고 있었다. 원더 밸리에서 4개월을 지내는 동안 두 사람은 사막의 강렬한 석양, 찬란한 밤하늘, 아무것도 없는 막막한 평지를 사랑하게 되었다. 메마르고 황량한 생태계를 바라보는 시선도 차츰 바뀌었다. "겉보기에는 모든 게 죽어 있는, 생명이 없는 땅처럼 보여요. 그러나 차츰 사방에서 삶이 눈에 띄게 되어요." 리사가 말한다. "여기에 더 오래 있을수록 오감이 눈을 뜨게 되죠." 부부는 전신주에 튼 새 둥지들을 발견했다. 보라색 야생들이 꽃피우는 모습을 사진으로 담았다. 어스름이 지면 총총걸음으로 돌아다니는 코요테들은 물론이고 뱀과 전갈도 눈에 띄었고 심지어 날카로운 집게발을 지닌 식초전갈도 볼 수 있었다. 리사와 더글러스는 원더 밸리에 땅을 사는 꿈을 꾸게 되었지만 얼마 되지 않아 뉴욕시로 발령을 받았고, 다음에는 베를린과 디트로이트를 전전했다. 2004년, 로스앤젤레스로 다시 돌아온 커플은 모하비 사막 지도책 한 권을 마련해 다니며 집을 물색하기 시작했다.

리사와 더글러스가 포드 레인저를 타고 매물로 나온 대지에 도착했을 때 처음 눈에 들어온 건 주변 땅보다

지대가 높다는 사실이었다. 전신주를 등지고 보이는 동쪽
전망은 빼어났다. 두 사람은 대지를 한 바퀴 돌아보며
현황을 점검했다. 1958년 지어진 400평방피트의
콘크리트 블록 건물에 300평방피트에 달하는
신축구조물이 붙어 있었다. 방갈로에는 현관문이 없었다.
안에 들어가 보니 온통 모래와 흙먼지로 두껍게 뒤덮여
있었다. 버건디 색 털 깔개는 얼룩덜룩하고 햇빛에 바라
있었다. 녹슨 냉장고를 비롯해 먹통이 된 가전제품들도
보였다. 뒷벽을 따라서는 합판으로 대충 마감한 짧은
옥외통로가 설치되어 있었다. 이 옥외통로에는
트레일러가 연결되어 있었고 트레일러에는 봉제인형들이
한가득 실려 있었다. 심지어 화장실 세면대까지 분홍색
토끼인형과 테디베어가 넘쳐흘렀다. 원더 밸리처럼 외딴
지역에서는 실제로 배관을 설치하는 것보다는 물탱크가
구비된 트레일러를 욕실로 쓰는 편이 쉽다고 한다.

이 집 역시 우물이나 실내 배관은 없었지만 전기는
들어왔는데, 그 말은 더글러스가 전동 공구를 쓸 수
있다는 뜻이었다. "여기야." 두 사람은 마음을 모았다.
그리고 당장 그날 저녁 오퍼를 냈다.

2주일 후 두 사람은 트럭을 타고 덜컹거리는 흙길을
달려 다시 이 집을 찾았다. 전에 없던 넘실거리는 강물이
저 멀리서 보였다. 폭우로 순식간에 생겨난 강물이 진입로
바로 아래까지 불어나 무섭게 몰아치고 있었다. 이전
소유주가 낡은 타이어에 '지대가 높아 침수되지
않음'이라고 적어 둔 이유를 이제야 이해할 수 있었다.
이 집은 말 그대로 높고 메마른 땅에 있었다. "그냥 밀고
가자!" 리사가 외쳤다. 더글러스는 후진을 했다가
레인저를 드라이브 모드에 놓고 액셀을 밟았다. 트럭은
물길을 헤쳐 나가는 데 성공했다. 나중에 홍수가 나는
패턴을 찬찬히 살펴보니 집중호우가 쏟아질 때 임시로
생기는 지류들이 집터 바로 밑에서 합쳐지는 모양이었다.
가끔은 이런 냇물들이 모여 작은 호수가 생기기도 했다.

리사와 더글러스는 방갈로 안에 있는 쓰레기를 세
가지로 분류해 쌓아 두는 일부터 시작했다. 쓸 수 있는 것,
그냥 주변에 두어도 괜찮을 만한 것, 버려야 할 것. 뜨거운
여름의 열기 속에서 땀을 줄줄 흘리며 건설폐기물용
쓰레기봉지를 무려 마흔다섯 개나 채웠다. 10마일 떨어진
쓰레기 하치장까지 적어도 열 번은 왔다 갔다 한 뒤에야

리사 시트코와 더글러스 아머는
2006년에 방갈로 개조에 착수했다.

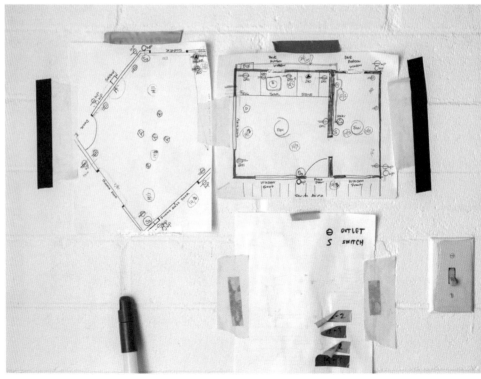

전기 배선도

집주인들은 원래 있던 무허가 확장 건물에 서까래와 샛기둥을
덧붙여 최신 규정에 맞도록 개조했다.

모두 버릴 수 있었다. 더글러스는 트레일러로 이어지는 옥외통로를 허물고 300달러의 비용을 써서 사유지 밖으로 견인해 나갔다. 카펫을 다 뜯어내자 드러난 콘크리트 슬라브는 아직 멀쩡했다. 홈디포[5]에 가서 창호 세 개와 유리 슬라이딩도어를 구입했다. 창호를 설치하려던 더글러스가 벽체 안에서 새둥지를 발견했다. 그들은 알들이 다 부화한 걸 확인하고 나서야 비로소 둥지를 철거했다.

한 달 동안 간헐적으로 작업을 이어간 끝에 드디어

현관문을 달았다. 더글러스가 LA 동부의 중고 부품 회수장에서 75달러를 주고 사 온 것이었다. 처음으로 집 문을 잠글 수 있게 된 순간은 큰 의미가 있었다. 그때부터 커플은 집에 들어와 살기 시작했다. 집에서 서른네 걸음 떨어진 곳에는 모닥불을 피울 웅덩이를 팠다. 방갈로 뒤로 마흔두 걸음 떨어진 곳에 판재를 못 박아 삼면에 벽을 세워서 바람이 통하는 옥외 변소를 만들었다. 예술가인 리사는 깨진 자기와 유리를 모래에 박고 쌓아 경관을 꾸몄다. 그리고 나니 별개의 두 건물이 이어져 일곱 면의 집 한 채가 된 구조가 정상적으로 보이지 않을 수도 있겠다는 생각이 들었다. "괴상한 형태죠. 저라면

5. Home Depot, 건축자재와 DIY 용품 등 집과 관련된 모든 상품을 파는 대형 전문 도매상.

꿈에도 하지 않았을 겁니다." 더글러스가 말한다. "하지만 침실 창문으로 일출을 볼 수 있고 뒤쪽으로는 석양이 보여요."

그들은 계획도, 예산도, 일정도 세우지 않고 작업을 진척시켰다. 공간에 시간을 맞추면서 맞아떨어진다고 생각될 때만 프로젝트를 진행했다. 영감이 솟아날 때까지 하염없이 기다리고 있기 일쑤였다. "우리 입장은 우연히 소재를 구하면 그걸로 이런 저런 일을 하자는, 뭐 그런 거였죠." 뮤지션이면서 목수로 일하는 더글러스는 광고 세트장을 짓는 일을 자주 맡았다. 2007년 더글러스는 한 목재회사에서 일하게 되었다. 이 회사는 내후성이 강한 외장재를 신제품으로 출시해 쇼케이스를 하고 전후 비교 사진을 찍고자 했다. 더글러스는 회사가 출시한 나뭇결무늬의 밝은 하늘색 합성자재와 가공하지 않은

낡은 원목을 대조시켰다. 광고의 목적은 합성자재의 우수성을 알리는 것이었지만 그가 보기에는 낡은 원목이 훨씬 좋아 보였다. 사진 촬영이 끝나면 원목은 버리게 되어 있었지만 그는 원더 밸리까지 그것들을 전부 싣고 왔다. 크기와 색깔별로 목재를 분류하고 나서 하루 하고도 반나절 꼬박 방갈로 외벽에 못으로 박아 붙였다. 원목 조각이 상대적으로 짧아서 벽 전체를 다 덮을 수가 없었다. 그래서 목재를 45도 각도로 잘라서 어두운색과 밝은색 판재를 섞어 헤링본 패턴으로 시공했다. 더글러스는 아직도 그게 무슨 나무였는지 알지 못한다. 그는 작업을 하면서 중간중간 로스앤젤레스로 돌아가 있던 리사에게 휴대폰으로 사진을 보냈다.

그리고 얼마 후 두 사람은 그 집에서 주말 파티를 열어 35명의 손님을 초대했다. 낮에는 「사막고원 실험장(the

폐목재들은 상대적으로 길이가 짧아서 벽 전체를 덮지 못했다. 이 문제를 해결하기 위해 더글러스 아머는 판재를 잘라 헤링본 패턴으로 시공하기로 했다. 목재에는 악천후를 버틸 수 있게 몇 년에 한 번씩 실란트를 발라 준다.

반대편) 콘크리트 블록에 주차되어 있던 낡은 트레일러는 유리 슬라이딩 도어를 통해 건물과 직접 연결하는 데 이용된 적이 있다.

High Desert Test Sites)」프로그램을 다 같이 보러 갔다. 밤에는 천막을 치고 모닥불 가에 모여 앉아 생맥주를 마시며 야영을 했다. 그 후로 친구들은 이 집에서 앨범 녹음도 하고, 뮤직비디오도 촬영하고, 도시에서 탈출하고 싶을 때도 활용했다.

건물은 천천히 발전했다. 리사와 더글러스는 자재를 쌓아 두는 작은 고물 하치장을 마련하였다. 또 다른 광고 작업에서 횡재한 목재로 더글러스는 다시 한 번 하치장을 개조할 수 있었다. 한 청바지 회사가 1902년부터 나온 9000달러어치의 폐목재로 통나무집을 지어 달라는 일을 맡겨 왔던 것이다. 무슨 나무인지는 정확히 알지 못했지만 오래되어 낡은 빛깔이 아름답다는 것만은 분명했다. 더글러스는 사진 촬영이 끝나면 통나무집을 허물고 목재는 버리라는 지시를 받았다. 그럴리가. 이번에도 그는 남은 목재를 다 싣고 원더 밸리로 향했다. 2014년 봄 더글러스는 이틀 동안 새 파티오를 정성껏 시공했다. 새 파티오에 골조를 세워 파형 강판이나 격자무늬 원목으로 천장을 세우기로 했다. 헤링본 무늬의 벽까지 파티오를 확장해 집을 한 바퀴 빙 두르게 만들고 싶었다. 그의 꿈은 100평방피트의 건물 세 채 한가운데 중정(中庭)을 만드는 것이었다. 각 건물은 손님용 별채, 사무실, 언젠가는 설치할 정수 시스템에 연결된 욕실로 쓸 생각이었다. 하지만 급할 건 전혀 없었다.

"우리 계획이 중간에 얼마나 많이 바뀌었는지 몰라요. 천천히 하다 보니 중요한 게 뭔지 깨닫는 데 큰 도움이 되었어요." 리사가 말한다. "거창하게 만들어야 한다는 불필요한 생각에 온통 사로잡혀 있는 사람들이 아주 많거든요. 꾸준히 기본만 생각하다 보면 집을 오히려 더 빨리 즐길 수 있죠."

목수 겸 뮤지션인 더글러스 아머는 앞으로 상상하게 될 프로젝트를 위해 어마어마한 자재를 모아 두고 있다.

건물 양 날개는 135도 각도로 만난다. 왼편의
침실에서는 일출을 막힘없이 조망할 수 있다.

아카이브
ARCHIVE

호주 태즈메이니아
루카스턴의 폐가
(제임스 보우덴 제공)

메인주 베델의 버려진 A자형 주택
(조슈아 랭레이즈 제공)

**미주리주 매디슨 카운티의 농장
통나무집**
(존 T. 포스터 제공)

앞장) **독일 오스트리아 접경지대**
(마리아 폴리아코바 제공)

뉴질랜드 글레노치 주다산
(러스탄 칼슨 제공)

캘리포니아주 트웬티팜즈
(J. L. 케인 제공)

루마니아 트랜실베이니아 홀츠멩겐
호즈먼의 낡은 빵집 지붕 리모델링
(슈테판 구지 제공)

아이슬란드 웨스트 피요르드
(케이트 스툭스 제공)

스위스 리네시오 소재의 200년 된 돌담집.
2011년 리모델링하면서 건물 외관은 전혀 손대지 않았다.
실내는 콘크리트를 층층이 부어 개축했다.
(루에디 발티 제공)

메릴랜드주 베얼린 외곽의 농장주택
(패트릭 주스트 제공)

프랑스 노르망디
코탕탱 반도의 폐가
(빈센트 마뉴 제공)

3. 시골풍의 집
RUSTIC

수공으로 전통의
통나무집을 짓는 법

한 부부가 장인정신을 발휘해
17세기풍의 호스텔을 짓다.

🌲

메인주 디어 아일

데니스 카터는 집을 짓는 것에 대해서는 딱 한 가지, 건물
토대가 암반이라야 한다는 것만 알았다. 때는 2006년,
수년간 저축하고 계획을 세운 끝에 드디어 숲이 우거진
메인주 디어 아일에 위치한 17에이커의 대지에 새 건물을
짓는 참이었다. 디어 아일은 보트를 타거나 비좁은 2차선
다리를 건너야만 들어갈 수 있는 아주 작은 바닷가
섬마을로 화강암이 풍부하고 랍스터가 많이 잡혔다.
이 지역 채석장에서 난 원자재로 브루클린 브리지와
스미소니언 등이 건축되었다. 어깨에 들쳐 멘 삽 하나
말고는 가진 게 없던 데니스는 1990년대에 이르러
수작업으로 돌담을 쌓는 사업체를 운영하는 자리까지
올라섰다. 그는 석공 작업을 사랑했지만 일은 목표를
이루기 위한 수단일 뿐이었다. 디어 아일에 정착하기 전에
그는 3년 동안 조지아주 브런즈윅의 시골 호스텔에서
자원봉사를 하며 보내기도 했다. 수작업으로 쌓은
지오데식 돔[6]을 자랑하는, 여행자들이 유기농법을 배울 수
있는 호스텔이었다. 그 후로 데니스는 언젠가는 자기도
여행객 여럿을 수용할 수 있는 지속 가능한 농가를

---

6. geodesic dome, 되도록 같은 길이의 직선 부재를 써서 구면(球面) 분할을 한
트러스 구조의 돔 형식 중의 하나. 정20면체를 기본으로 잘게 분할해 가는 경우가 많다.
[건축용어사전]

디어 아일 호스텔은 박공이 있는 지붕창과
돌출된 2층 등 미국 콜로니얼 건축 스타일을
모방하여 지었다.

건설하고 싶다는 꿈을 품게 되었다.

처음부터 데니스는 화강암으로 '지하실 구덩이(cellar hole)' 형식의 토대를 만든다는 결정을 내리고 시작했지만, 어떻게 그런 구조물을 설계해야 하는지는 알지 못했다. 번쩍거리는 최신식 설계는 마음이 끌리지 않았다. 데니스는 언제나 소박한 미국 콜로니얼 스타일의 건축을 좋아했다. 뉴잉글랜드에서 성장기를 보내며 익히 보아 왔던 클래식 스타일이었다. 그러나 원목으로 골조를 만든다는 건 생각만 해도 막막하기 짝이 없었다. 올리는 데 대규모 작업반이나 크레인이 필요한 전통적인 골조는 그가 원하는 바가 아니었다. 작업 방식이 소박하면서도 세월의 시험을 이겨낼 수 있을 만큼 튼튼한 결과물을 원했다.

데니스는 근방의 메인주 블루힐 공립 도서관으로 달려갔다. 책을 여러 권 뒤적거렸지만 확 와닿는 건 하나도 없었다. 그러다가 우연히 애버트 로웰 커밍스의 『매사추세츠만의 목조 가옥』을 집어 들었다. 무작위로 페이지를 넘기다가 보드맨하우스의 사진들을 보게 되었다. 보드맨하우스는 1687년 매사추세츠주 소거스에 건설된 2층짜리 주택으로 현재까지 원형이 보존되어 있었다. 장엄한 이 낡은 건물이 데니스의 마음을 사로잡았다. 데니스는 이 집의 골조가 어떻게 올라갔는지 상세하게 그려 놓은 삽화를 뚫어져라 쳐다보았다. "기시감이 들었습니다." 1600년대 뉴잉글랜드에 정착한 데니스의 조상은 대대로 목수와 선장, 농부로 일해 왔다. "우리 조상님들이 실제로 거기 계셨을 겁니다. 그런 근성이 제 마음속에도 남아 있어요."

삽화를 본 데니스는 골조를 올릴 때는 미리 조립한 벤트[7]를 설치하는 게 아니라 들보를 한 번에 하나씩 올리며 단계적으로 작업해야 한다는 것을 파악할 수 있었다. 그는 커밍스의 책을 처음부터 끝까지 숙독한 후 본격적인 연구에 착수했다. 그는 1600년대 뉴잉글랜드에서는 원자재와 건축 기법에 있어 다양한 실험이 활발히 이루어졌다는 사실을 알게 되었다. 영국에서 온 목수들이 새로운 풍토에 적응하려 고군분투한 덕분이다. 기본적인 철제 연장과 전통적인

7. bent, 4각형이나 3각형으로 짠 강철재의 지주

데니스 카터는 디어 아일 호스텔을 짓기 전에 메인주에서 수년간 석공 일을 했다.

결합자로 지어진 보드맨하우스 같은 원목 골조 가옥은 공학적으로 세월을 견딜 수 있도록 설계되었기 때문에 지금까지도 거뜬히 버티고 서 있다. 1830년대에 이르면 목수들이 값싼 원자재와 성급한 건축방식을 써서 집을 짓기 시작한다. 그런 건물들이 왜 그토록 많이 무너지고 재건축되었는지 그 이유를 가늠해 볼 수 있다.

데니스는 미학적으로나 공학적으로 보드맨하우스를 본떠 자신의 호스텔을 설계해야겠다고 마음먹었다. 제티(jetty)라고 하는 돌출된 2층 구조는 건물의 밑넓이를 바꾸지 않으면서 넓은 공간을 확보해 준다. 여름철에는 돌출된 천장이 1층 창문에 그늘을 드리워 주어 집 안이 시원해진다. 호스텔을 남향으로 설계함으로써 여름철에는 자연적인 에어컨 효과를 누리고 겨울철에는 직사광선 조사량을 극대화해 난방에 도움이 되도록 했다.

2007년 1월 무렵 데니스는 한창 현장 근처에서 자라는 튼튼한 목재인 붉은가문비나무로 골조를 만들었다. 좀 더 부패에 강한 더글러스 전나무도 섞어 쓰기로 했다. 잭 소본의『클래식한 원목 골조 가옥을 짓다(Build a Classic Timber Framed House)』를 읽는 한편, 지역에서 활용하는 방식을 선호하는 전문 원목 골조 장인 짐 배넌을 사사해 배움을 이어갔다. 그 사이 그는 이미 대지를 골라 땅을 파 둔 상태였다. 자연 냉방 기능을 갖춘 습한 구덩이는 식료품을 저장할 저장소가 될 터였다. 모든 일을 혼자 했기 때문에 제자리에 돌 하나를 갖다 박는 데만 한 시간씩 걸렸다. 그러다 1월 하순이 되었을 때, 데니스는 버스를 타고 32시간을 달려 조지아주 브런즈윅으로 갔다. 호스텔을 지으려면 일손이 필요하다는 사실을 깨달은 것이다.

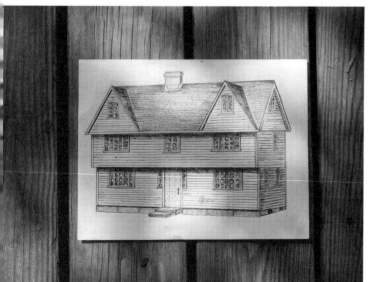

여름에는 저녁식사를 공동으로 준비한다.

왼쪽) 데니스 카터가 그린 디어 아일 호스텔의 드로잉

반대편) 사다리를 타고 다락방에 올라가면 호스텔의 세 번째 침실이 나온다.

비옥한 토양을 만들기 위해서 부부는
해변에서 채취한 해조류를 화단에 뿌려 준다.
호스텔에서는 닭과 돼지를 기르고 있다.

브런즈윅 호스텔에 가면 자원봉사자 몇 사람을 구할 수 있을 것이라는 계산이 섰다.

"코주부에다 바보 같아 보이는 배낭을 메고 있었던 기억이 나요." 아넬리는 웃음을 터뜨리며 말한다. 당시 아넬리는 브런즈윅의 호스텔에서 한 달 동안 자원봉사자로 일하고 있었다. 호스텔은 여행자가 새로운 사람들을 만날 수 있는 멋진 기회를 제공해 주는 장소였다. 스웨덴 출신의 배낭여행객이었던 아넬리는 스웨덴 북부 도시 우메아에서 자랐지만 태생은 시골이었다. 아버지는 1950년대까지 전기도 들어오지 않는 스웨덴 오지 농가에서 성장했고 어머니의 가족은 돼지농장을 했다.

데니스는 아넬리의 행동력이 대단하다는 걸 금세 꿰뚫어 보았다. 브런즈윅의 호스텔에서 두 사람은 해가 뜨기 전에 일어나 온갖 작업을 함께 진행했다. 오직 단 둘이서만. 그들은 블루베리 밭에 짚을 깔고 이런 저런 자투리 목공 일들을 했다. 로맨스가 꽃필 틈은 없었다. 그저 함께 땅을 돌보며 할 일을 해냈을 뿐이다.

2007년 7월 무렵 데니스는 브런즈윅에서 네 명의 자원봉사자를 데리고 디어 아일의 호스텔로 돌아왔다. 같은 달에 아넬리에게도 호스텔 일을 도와달라고 편지를 썼다. 6개월 후인 2008년 2월 아넬리는 뉴욕행 비행기를 타고 노스캐롤라이나 애쉬빌에서 친구들을 만난 후 메인행 버스에 몸을 실었다. 그때는 이미 데니스를 도와주던 자원봉사자들은 모두 떠나고 없었다. 그즈음 석공 작업이 끝나면서 골조도 상당부분 올라간 상태였다. 그해 가을 데니스는 혼자 힘으로 지붕 골조 작업을 마쳤다. 결과적으로 그가 구상한 원목 골조 계획은 맞아 들어갔다. 세 개의 들보를 이어 H자 형태를 만드는 것으로, 설치 전 딱 한 번 조립 작업을 거치는 것이 포인트였다. 한 번에 서까래 하나와 기둥 하나가 설치되었다.

2월에 아넬리가 디어 아일에 도착했을 때 앙상한 호스텔 골조에 지붕과 기둥은 있었지만 벽, 마루, 마감은 덜 된 상태였다. 외부적으로도 굉장한 진척을 기대했던 아넬리는 기운이 쭉 빠졌다. "원목 골조에 대해서 아는 게 하나도 없어서 그냥 '될 대로 되라지.' 하는 생각뿐이었죠." 아넬리는 솔직히 털어놓는다. "그때쯤

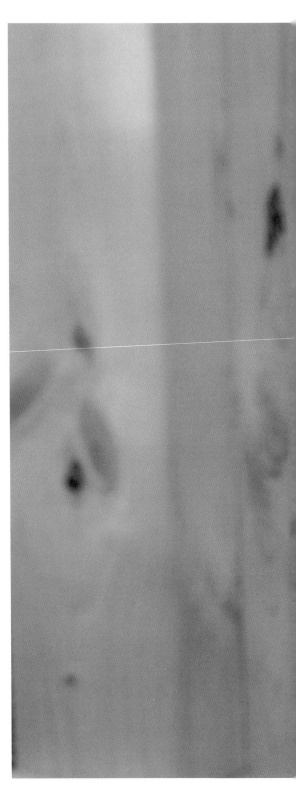

스웨덴에서 태어난 아넬리 카터순크비스트는 미국 배낭여행 중에 데니스 카터를 만났다.

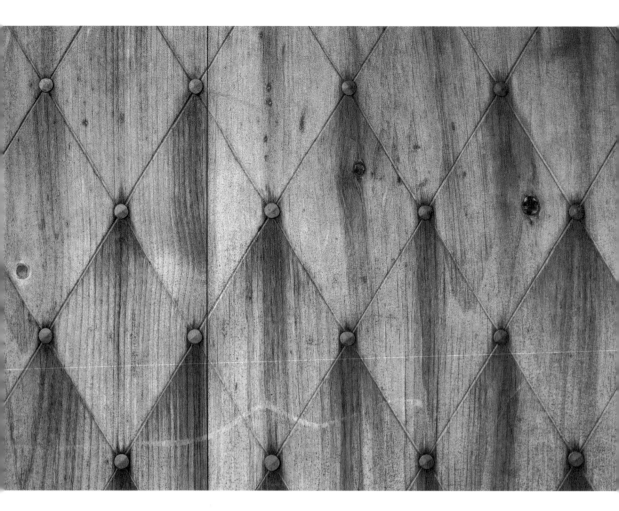

정문에 박은 것은 클린치 네일(clinch nail, 뾰족한 끝을 구부러뜨려 조이도록 만들어진 못)이다. 망치로 문에 박고 수공구를 활용해 문 안쪽에 고정했다.

오른쪽) 호스텔의 장부맞춤(mortise and tenon joint, 한 부재 종단면의 원형 또는 사각형의 장부구멍에 다른 부재의 섬유방향으로 된 장부를 끼워 맞춘 접합 [목재용어사전])은 수공 쐐기를 활용해 접합부를 고정시켰다.

저는 그런 생각을 했어요. 그래, 해골뿐인 집이구나.
호스텔이 되기는 하려나?" 두 사람은 브런즈윅에서
그랬듯 함께 일하기 시작했다. 일주일이 채 지나지
않았을 때 두 사람 사이에 연애감정이 싹트기 시작했다.
아넬리는 목공 일을 잘 몰랐지만 열정과 결단으로 모르는
부분을 채워 나가면서 호스텔 일을 계속했다. 데니스는
참을성 있는 낙관론자였다. "계측도 제대로 못했으니
골치가 아팠죠." 데니스는 이렇게 회상한다. "그렇지만
박공 작업이라는 게 그래서 멋진 거예요. 결국은
각양각색의 크기가 다른 널빤지들이 잔뜩 생기는데,
그것을 다 모으면 실수를 만회할 기회가 주어지거든요."
  2008년 4월, 디어 아일이 추운 겨울을 이겨내고 새봄을
맞이할 즈음 데니스와 아넬리는 소나무를 사용해 사방

이 건물에는 차양을 드리운 포치의
취침 공간이 두 군데 있다.

벽체를 세우는 작업을 끝냈다. 사면이 막힌 공간이
생기자 아넬리도 드디어 신이 나기 시작했다. 이 건물이
집이 될 수 있을 것이라는 희망이 차올랐다. 이들은
장래의 호스텔이 될 공간에 작은 테이블과 의자들을
구비하고 처음으로 둘이서 식사를 했다.

그때부터 두 사람은 각개격파로 들어갔다. 데니스는
목공에 집중해 삼나무로 코너보드를 설치하고 벽체에
화이트 시더 원목으로 너와판을 붙이는 작업을 도맡았다.
아넬리는 정원 쪽을 공략했다. 토지를 개간하고 파종을
하고 오랜 시간에 걸쳐 주위에 시설물을 지어 결국
8000평방피트에 달하는 땅에 각양각색의 채소를 가꾸게
되었다. 당근, 비트, 감자, 양상추, 양배추, 콩, 마늘을
비롯해 없는 게 없었다. 2008년에는 창업비용을 충당하기
위한 기금 모금도 시작했다. 2년간 데니스가 쓴 원자재

공기 중의 세균이 퇴비를 분해하면
퇴비더미에서 열이 발생해 바닥에
구불구불하게 박아 넣어 둔 워터 파이프가
데워진다. 계절에 따라 수온이 최고
70도까지 올라간다.

값만 해도 3만 5000달러에 달했다. 두 사람은 중고 태양광 배터리와 전선이 연결된 태양광 패널을 찾아냈고, 밤에 불을 켜 둘 전기를 발전해 조달했다.

할 일은 여전히 많았다. 주방, 창문, 태양광 전기 공급 시스템과 자연분해 야외 변소를 마무리해야 했다. 그럼에도 2008년에는 일단 개업 일자를 공지했다. "제가 기폭제 역할을 했죠. 전 일단 저지르고 보거든요." 아넬리가 회상한다. "데니스는 훨씬 생각이 많아요. 아마 세세한 부분을 마감하느라 몇 년이 지나도 개업하지 못했을 거예요."

개업 당일인 2009년 6월 21일 데니스와 아넬리는 10여 명의 친구와 이웃들을 초대하여 성대한 개업 파티를 열었다. 사람들에게 집을 보여 주는 것은 자랑스러웠지만 한편으로는 참담하기도 했다. 여름철 내내 호스텔 예약 손님이 단 한 명도 없었던 것이다. 호스텔이 공식적으로 문을 여는 시간은 오후 4시였다. 그런데 극적으로 저녁 파티 직전에 똑똑 문을 두드리는 소리가 났다. 스위스에서 온 배낭여행자 두 명이었다. 숙박할 곳이 필요한 이들에게 누군가가 호스텔에 연락해 보라는 언질을 주었던 것이다. 그날 밤 숙박 손님을 포함한 사람들이 다 같이 호스텔에 모여 팬케이크, 생크림, 텃밭에서 수확한 유기농 딸기 등으로 포식을 했다. 그 후로 전 세계에서 수백 명의 여행자가 디어 아일 호스텔에서 묵어 가고 있다. 2011년 데니스와 아넬리는 결혼했다.

두 사람의 집터에 발을 들이면 흘러가 버린 시대 속으로 시간여행을 떠난 기분에 사로잡힌다. "우리가 앞으로 나아가는 건지 뒤로 물러나는 건지 모르겠다는 생각을 항상 해요." 데니스는 말한다. "마음속으로는 전진하고 있다고 믿습니다. 또 다른 결론도 내리게 되더군요. 좋은 아이디어는 시간을 초월한다는 것! 1946년에 제조된 스피드퀸 세탁기를 쓰고 있는데 정말 훌륭한 세탁기예요. 1990년대와 2000년대 초기에 미국에서 생산된 태양광 패널도 우수합니다. 그리고 1600년대 후반의 원목 골조 접합 기술은 목공기술의 절정이죠."

호스텔은 태양광 패널을 이용해 모든 전기를 자체 조달한다.

물방앗간을 개조한 마법 같은 통나무집.
한 세르비아 화가가 아버지에게서 물려받은
수력 제분소를 개조해 젤렌코바츠라는 보스니아
마을의 강변을 따라 통나무집을 여러 채 지었다.
(브라이스 포르톨라노 제공)

켄터키주 어바인 소재의 흑백 통나무집
(랜덜 플로우먼 제공)

위스콘신주 북서부에 소재한 사냥 별장
(스테파니 슈스터 제공)

캐나다 퀘벡주 카나타 아키
(미나 세빌 제공)

스웨덴 쇠르발렌 헤르예달렌
(크리스토퍼 마르키 제공)

워싱턴주 산후안 아일랜드
(케이트 배럿 제공)

호주 태즈메이니아주 마운트 필드
(제임스 보우덴 제공)

메인주 아일즈버러
(스코트 마이보걸 제공)

1880년경 지어진 워싱턴
오커스 아일랜드의 농가주택
(브리타니 콜 부시 제공)

네덜란드 텐보어 겨울 휴양별장
(마리에케 제공)

노르웨이 셴야섬 근처의 북극해
(니콜라스 슈프 제공)

창호, 천창, 마루를 재활용한 자재로 지은
캐나다 온타리오주 북동부 넬리호
근교 소재의 통나무집
(도나 어빈 제공)

아르헨티나 티에라 델 푸에고
(하우쿠르 시구르손 제공)

스웨덴 스타브셀포르센 옘틀란드
(크리스토퍼 마르키 제공)

단풍당 제조소를 '까바느 아 쉬크르'라고도
부르는데, 보통 증기가 빠져 나갈 수 있도록
구멍이 뚫린 박공지붕 형식으로 짓는다.

메이플시럽을
만드는 법

친구들이 팀을 이루어
수액을 끓이는 판잣집을 짓다.

🌲

뉴욕주 볼튼 랜딩

샘 콜드웰은 최대한 빠른 속도로 판재를 못으로 박고
있었다. 2012년 12월 샘은 오로지 단풍당 제조소를
마감하겠다는 일념뿐이었다. 콘크리트 슬라브 위에
지어진 가로 20피트, 세로 30피트의 건물은 단열도 없고
오로지 기둥과 서까래뿐이었다. 이 건물의 목적은 단
하나, 단풍나무에서 채취한 수액을 끓이는 것이었다. 샘은
애디란댁산맥 북동부의 볼튼 랜딩이 내려다보이는
야산에서 밤늦게까지 작업에 매달렸다. 매년 평균적으로
눈이 70인치씩 쌓이는 이 지역에서 성장한 샘은 심각한
악천후가 몰려오기 전에 천장을 올리고 벽을 세워야
한다는 것을 알고 있었다. 안 그러면 봄까지 기다렸다가
완공을 해야 하는데, 그 말은 단풍당을 한 방울이라도
제조하려면 1년을 꼬박 더 흘려보내야 한다는 뜻이었다.
샘은 망치질을 멈추지 않았다.

'까바느 아 쉬크르(cabane á sucre, 설탕 집)'라고도
불리는 통나무로 지은 단풍당 제조소는 18세기 초반부터
캐나다 퀘벡주에서 대중화되기 시작했다. 단 한 가지
목적으로 지어진 건물이 대개 그러하듯 단풍당 제조소
역시 한 가지 두드러진 건축적 특징을 가지고 있다. 바로

박공지붕이다. 보통 박공지붕에 용선로[8]를 설치해 통풍구를 내고 증기가 빠져 나갈 통로를 확보한다. 안에서는 수 갤런의 수액 원액이 아치(arch)라고도 불리는 노(爐)에 얹은 거대한 냄비 속에서 가열된다. 과정 자체는 비교적 단순하다. 수분이 증발하면서 당의 농도가 높아지고 수액은 오래 끓을수록 색이 짙어진다. 복잡한 건 타이밍이다. 단풍나무 수액을 채취할 수 있는 기한은 아주 짧다. 기온이 낮에는 영상 5도, 밤에는 영하 7도를 오가는 시기에만 가능하기 때문이다. 이때 섬세한 동결과 해동의 사이클이 단풍나무 내부와 외부의 압력 차이를 발생시켜 수액의 흐름을 촉진한다. 당 생산 철은 일반적으로 3월 초에 시작하며 그 기간은 불과 몇 주일밖에 되지 않는다.

단풍당 제조소 안에서 시간을 보내다 보면 계절의 변화와 봄의 도래를 기쁨으로 만끽하게 된다. 친구, 이웃, 가족이 즐겁게 어울리며 수액이 뿜어 내는 향기로운 증기를 들이마신다. "불안증을 치료하는 데 특효약이죠." 어린 시절부터 단풍당을 제조했던 샘의 말이다. 1980년대 초반 샘은 형인 루벤과 함께 아버지를 도와 6갤런에 달하는 메이플시럽을 제조했다. 그때는 통나무집 대신 마당의 자동차 진입로에다 55갤런의 드럼통을 놓고 장작불을 피워 수액 냄비를 가열했다. "기억이 닿는 한 항상 이 일을 하고 있었던 것 같아요." 루벤이 말한다. "처음에는 이 일을 정말로 좋아했어요. 어렸을 때는 당을 만든다는 게 장작불을 피워 놓고 마시멜로우나 핫도그를 구워 먹는 일인 줄 알았거든요. 일찍 자지 않고 어른들과 함께 늦은 밤까지 깨어 있어도 되었고요. 하지만 만사가 다 그렇듯 나중엔 일거리가 되었죠. 아이고, 아빠하고 양동이를 또 죽도록 날라야 하겠구나, 싶은. 그즈음이면 숲속을 뛰어다니면서 수액을 채취해야 했습니다."

볼튼 랜딩은 당을 제조하기에 좋은 곳이다. 날씨도 좋지만 구릉을 따라 굽이치는 삼림에는 단풍나무 중에서도 시럽 제조에 가장 흔히 활용되는 세 가지 수종인 사탕단풍나무, 붉은단풍나무, 은단풍나무가 자라고 있다. 그래서 프랑스계 캐나다인이 수액을 채취하기 오래 전부터 이미 이 지역 원주민 부족들은 단풍당을 제조해 물물거래에 활용했다. 1700년대에 볼튼 랜딩에 정착한

---

8. '큐폴라'라고도 한다. 바깥쪽을 연강판(軟鋼板)으로 만든 원통형 수직로인데, 안쪽은 내화벽돌과 내화점토로 라이닝 되어 있다.

샘 콜드웰이 아치를 점검하고 있다. 아치는 단풍나무 수액을 끓이는 데 쓰는 장작불 노(爐)다.

샘과 루벤 콜드웰의 증조부는
1930년대에 가로 12피트, 세로 15피트 너비의
단풍당 제조용 통나무집을 지었다.

샘과 루벤의 선조들은 그들의 증조부 해럴드 빅스비가
작은 단풍당 제조소를 건설한 1930년대부터 수액 끓이는
일을 꾸준히 해 왔다. 샘과 루벤의 부모님 집에서
1~2마일 떨어진 사탕단풍 숲에 벽돌을 손으로 쌓아 지은
증조부의 당 제조소가 고즈넉하게 자리 잡고 있다.
형제의 아버지는 1970년대에는 이곳을 활용했지만
1980년대에는 시럽 제조 일을 집 마당 진입로로 옮겨
왔다. 1990년대 들어 루벤과 샘이 아버지를 도와 제대로
된 통나무집 제조소를 짓는 일에 착수했다. 그런데 얼마
후 이스턴 화이트파인 나무 한 그루가 쓰러지면서 버려져
있던 해럴드의 당 제조소의 건물 전면부를 완전히
무너뜨리는 사건이 발생했다.

　2001년 대학을 졸업하고 돌아온 루벤과 사촌 제이는
함께 해럴드 증조부의 통나무집을 수리하자는 데 의견을

모았다. 그들은 독자적으로 소규모 제조회사를 운영할 수
있을 만큼 충분한 시럽을 끓여 낼 수 있는지 타진해 보고
싶었다. 그해 가을, 두 사람은 쓰러진 이스턴 화이트파인
나무에 사슬톱을 댔다. 문을 다시 붙이고, 훼손된 굴뚝을
철거하고, 접었다 폈다 하는 나무 벤치 두 개를 통나무집
양쪽 벽에 붙여 침상으로 활용했다. 2002년 봄에는
루벤과 제이의 친구들이 그 낡은 집에서 수액을 끓이며
긴긴 밤을 보낼 수 있게 되었다. 그해 단풍 채취 철에는
13갤런의 메이플시럽을 제조했고 '빅스비스
베스트(Bigsby's Best)'라는 라벨을 붙여 판매할 수
있었다.

　그 무렵 루벤은 난방도 전기도 들어오지 않는 작은
판잣집에서 살고 있었다. 이메일 주소도 없었다. 이웃인
데이비드 커밍스 역시 판잣집 신세였다. 샘도 자기

**이스턴 화이트파인 나무는 새로 짓는 당
제조소의 골조로 썼다.**

판잣집을 따로 지어 사는 수밖에 없었다. 그들은 숲이 우거진 이 외딴 협곡에 '볼튼 랜딩 판잣집 골짜기'라는 별명을 붙였다. 평소에는 목공 일을 했다. 겨울이 오면 수액을 채취해 메이플시럽을 만들었다. 2005년경 샘은 북부 캘리포니아에서 하던 농장 일을 접고 볼튼 랜딩으로 돌아왔다. 샘은 목수 일을 시작하고 당 제조소 근처에서 소일하기 시작했다. 루벤과 데이비드와 판잣집 안에 옹기종기 모여 앉아 제네시 크림 에일 맥주를 마시며 새벽녘까지 시간을 보냈다 그즈음 샘은 당 제조 일을 새삼 소중하게 생각하게 되었다. 2007년 루벤이 건축회사에 취직해 브루클린으로 이사하게 되자 샘은

'빅스비스 베스트'를 인수했다. 당 제조는 이제 하릴없는 취미생활이 아니었다. 샘은《메이플 뉴스》를 숙독하고 메이플시럽 학회에 참가했다. 수액 생산을 증진하기 위한 삼림 벌목법을 배우고 나무가 다치지 않게 드릴로 구멍을 뚫어 탭(수액을 채취하기 위해 꽂는 작은 튜브나 꼭지)을 꽂는 법을 배웠다. 그러다 보니 사업을 키우고 싶은 마음이 생겼다. 그러려면 연료 효율성이 더 좋은 아치가 필요했다. 하지만 옛 제조소의 벽돌 노를 해체하는 것은 옳은 길이 아니라는 생각이 들었다. "감상적인 이유겠지만 어쩐지 그곳 전체를 일종의 타임캡슐처럼 보존하고 싶은 마음이 들었습니다." 루벤이 말한다.

구 단풍당 제조소는 2001년 재건되었다.

왼쪽) 데이브 커밍스가 휘발하는 수액을
필터로 거르고 있다.

반대편) 수액 양동이들은 시럽 제조 철이
올 때까지 많은 시간을 별 쓸모없이
널브러져 있다.

샘 콜드웰은 뉴욕주 볼튼 랜딩에서
태어나 자랐다.

2011년 샘은 루벤에게 새로운 제조소를 설계해
달라고 부탁했다. 데이브 커밍스의 토지에 인접한
14에이커의 대지를 매입한 참이었다. 샘은 솔트박스[9]
형식을 원했다. 앞쪽은 2층이고 뒤쪽은 1층으로 되어
있어 뒤쪽 지붕이 훨씬 더 길고 낮게 뻗어 있는
솔트박스 프레임 가옥은 식민지 시대의 뉴잉글랜드에서
많이 활용되었던 건축양식이다. 이 한 가지 조건 말고는
컬럼비아 대학교에서 건축학 석사학위를 받은 루벤이
전권을 가졌다. 루벤은 스케치를 하면서 변칙적인
기하학 구조를 실험하기 시작했다. 그는 지붕을
구조적으로 받치는 트러스를 비대칭으로 만들고
싶었다. "다른 이유는 없고 그냥 제가 재미있자고

그랬던 겁니다." 웃음을 터뜨리며 그가 말한다. 그밖에는
특별한 설계랄 게 없었다. 루벤은 문이나 창문의 위치도
특정하지 않았다. 계속 새로운 구조물을 덧붙일 수
있도록 필요에 따라 재조정할 수 있는 매력적이고 단순한
건물을 짓자는 게 다였다. "도시에서는 이런 실험을 할 수
있는 공간이 없다는 게 답답해서 미칠 지경이에요."
    2011년 10월의 어느 오후, 시멘트 토대를 붓고 평탄화
작업을 마친 뒤 그는 축하의 맥주잔을 들었다.
팀버프레임의 주축 벤트 4개는 단단한 목재로 만든
쐐기를 쓰는 전통적 방식의 장부맞춤으로 조립했다.
그들이 선택한 이스턴 화이트파인은 볼튼 랜딩에서 가장
풍부하고 빨리 자라는 수종이었다. 그해 12월 샘과
데이브는 첫 번째 벤트를 올리는 작업을 도와줄 친구
대여섯 명을 즉흥적으로 모아 팀을 꾸렸다. "우리는

9. saltbox, 소금통 모양의 목조 가옥. 앞에서 보면 2층, 뒤에서 보면 1층인 것처럼
지은 집으로 지붕은 앞쪽보다 뒤쪽이 더 길고 낮다.

맨 오른쪽의 문은 조지 호수의 낡은
보트하우스에 있던 것을 재활용했다.

언제나 나중에 맥주를 마실 여유를 가질 수 있게 작업 시간을 맞춰요." 데이브가 말한다. "안 그러면 도와줄 사람을 하나도 구할 수가 없을 걸요."

건설 작업은 샘의 표현을 빌면 소위 애디란댁 시간에 따라 진행되었다. 진척이 아주 느렸다는 뜻이다. 샘은 버몬트로 가서 '스몰 브러더스 라이트닝'의 아치와 커다란 스테인리스 스틸 냄비를 구입했다. 미완의 제조소에 장비를 끌고 와서 콘크리트에 고정 장치를 박고 파란 방수포를 덮어 두었다. 샘은 가문의 낡은 제조소에서 또 한철의 작업을 마쳤다. 2012년 여름에서 가을로 계절이 바뀌자 최소한 자신의 새 제조소가 가동이라도 되게 만들고 싶다는 열망이 커져 갔다. 아버지의 제제소에서 자투리 이스턴 화이트파인을 주워 모으는 한편 고철금속을 써서 지붕을 잇는 작업도 계속했다. 가족 소유의 보트 창고에서 안 쓰는 낡은 문을 떼어 오기도 하면서 되는 대로 자재를 모았다.

2012년 12월 초가 되자 시간 여유가 없어졌다. 그들은 데이브의 트랙터로 나머지 프레임을 올렸다. 거기서부터는 샘이 대부분의 일을 혼자 해내야 했다. 2주일 꼬박 지붕을 붙이고 측벽을 시공했다. 판자가 다 떨어지자 집 전면의 상당 부분에 자투리 파형 강판을 통째로 붙이기도 했다.

2013년 2월 눈이 녹고 수액이 흐르기 시작할 무렵 형이 설계하고 친구들의 도움으로 완성된 제조소에서 첫 메이플시럽이 생산되었다. 그해에 샘은 메이플시럽 생산량을 대폭 늘려 800그루에 탭을 꽂았다. 물론 뉴욕 최대 규모의 메이플시럽 생산자에 비하면 3만 9200그루나 모자란 숫자이기는 했지만. '빅스비스 베스트'는 샘과 루벤의 어머니집에서 병으로 포장되었다. "시럽을 만드는 건 우리 유전자에 새겨져 있어요." 목수 일로 생계를 꾸리는 샘의 말이다. 브루클린 소재의 '스튜디오 태크'의 파트너가 된 루벤은 샘과 판잣집을 어떻게 개조할까 논의한다. "1년 뒤에 다시 돌아와 보시면 아마 딴판으로 달라진 모습을 보게 되실 겁니다." 루벤이 말한다. "그게 항상 가장 핵심적인 부분이죠."

메이플시럽을 끓이는 동안은 증기의 기둥이 통풍용 큐폴라를 통해 넘실거리며 피어오른다.

독일 바바리아주 오베르제의 보트 창고
(젠 위트 & 윌러 위트 부부 제공)

동부 워싱턴주의 레드 탑 산불 감시 전망대.
워싱턴주에 남아 있는 92개의 감시 전망대를
모두 기록하고자 했던 '산불 감시 전망대
프로젝트'에서
(카일 존슨 제공)

몬태나주 폴브리지의 호넷 전망대.
아이다호와 몬태나의 산불 감시 전망대를
살피는 열흘간의 배낭여행 중 찍은 사진
(케이시 그린 제공)

핀란드 오울루의
투이라 해변에 있는 공중 사우나
(주나스 미콜라 제공)

웨일즈 카디건 근교의
포레스트 캠프에 자리한 돔과 사우나
(조나단 체리 제공)

워싱턴주 보울더 리버 윌더니스
스리핑거스 산 전망대
(이선 웰티 제공)

위스콘신주의 사냥꾼 망루를 기록한 연작
「하이드(Hide)」 중에서
(제이슨 본 제공)

159

앞장) **아일랜드 리네인의**
킬러리 항만을 따라 늘어선 어부의 통나무집
(스투 J.비즐리 제공)

호주 태즈메이니아주
크레이들 마운틴레이크 세인트 클레어 국립공원 내에서
1930년대부터 등산객들이 이용해 온 키친산장(kitchen
hut, 비상시 악천후에 갇힌 등산객들을 위한 대피소)
(자한 자일스 제공)

스코틀랜드 커크콜데이 근방의 화가 작업실인
글래스마운트 하우스
(피터 매클라렌 제공)

뉴잉글랜드의 아이스 샨티(ice shanty,
얼음낚시 기간 동안 얼어붙은 호수 위에
한시적으로 설치되는 이동식 대피소)
(포스터 헌팅턴 제공)

이탈리아 몽블랑 LEAP팩토리
(LEAPfactory, 극한 환경의 시설물을 전문적으로
설계·건축하는 건축회사. 알프스 몽블랑 정상에 설치된
제로임팩트 대피소로 유명하다.)가 디자인한 제로임팩트
등산객 대피소
(프란시스코 마투찌 제공)

30피트 상공에서
사는 법

**모험과 스릴을 사랑하는 남자가
마당에 침실을 짓다.**

아이다호주 샌드포인트

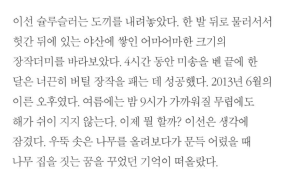

이선 슐루슬러는 도끼를 내려놓았다. 한 발 뒤로 물러서서
헛간 뒤에 있는 야산에 쌓인 어마어마한 크기의
장작더미를 바라보았다. 4시간 동안 미송을 벤 끝에 한
달은 너끈히 버틸 장작을 패는 데 성공했다. 2013년 6월의
이른 오후였다. 여름에는 밤 9시가 가까워질 무렵에도
해가 쉬이 지지 않는다. 이제 뭘 할까? 이선은 생각에
잠겼다. 우뚝 솟은 나무를 올려보다가 문득 어렸을 때
나무 집을 짓는 꿈을 꾸었던 기억이 떠올랐다.

1999년 여덟 살 때 이선은 가족과 함께 아이다호주
샌드포인트 외곽에 자리한 8에이커 반 너비의 녹음이
무성하게 우거진 땅으로 이사 왔다. 근방의 카닉수
국유림은 아이다호, 워싱턴, 몬태나주를 아울러 무려
160만 에이커에 걸쳐 뻗어 있는 방대한 삼림이다. 아늑한
시냇가에 자리한 가족의 땅은 향기로운 상록수, 침엽수,
낙엽수들로 가득했다. 미송, 화이트파인, 솔송나무, 웨스턴
라치, 웨스턴 레드시더, 미루나무, 더글러스 전나무,
엥겔만 스프루스, 록키마운틴 메이플까지.

열 살이 된 이선은 이미 능숙한 등산가였다. 열두
살에는 생애 첫 '트리하우스'를 망치로 뚝딱뚝딱
조립하기도 했다. 벽도 지붕도 없는 소박하고 작은
바닥판에 불과했지만 그래도 어머니의 통나무집 옆

나무 집 건축에는 튼튼하고 생장이 늦은
수종인 웨스턴 라치를 선택했다.

자작나무 위 20피트 높이에 잘 자리 잡고 있었다.
가족은 슬라브 지붕의 방 두 개짜리 A형 주택에 살면서
장작난로를 사용했다. 아늑하지만 좁은 집이었다. 열여덟
살이 되자 이선은 통나무집 옆에 탑처럼 우뚝 솟아 있는
더글러스 전나무에 별도로 자기 방을 짓기로 결심했다.
그는 연필을 들고 스케치에 착수했다. 하지만 바로
실행으로 이어지지는 않았다. 설계도 초고를 몇 장 그리긴
했지만 곧 다른 데 정신이 팔렸기 때문이다. 얼마 가지
않아 그는 사진 공부를 하기 위해 대학에 진학했다. 졸업
후 집으로 돌아와서는 그 지역 건설업자 밑에서 일하기
시작했다. 벌목, 조경, 주택 리모델링, 게스트하우스 건설
등의 일이었다. 그러면서 가족의 숲을 관리하는 어머니
일도 틈틈이 도왔다. 나무를 베어 터를 닦고 어마어마한
양의 장작을 팼다.

　　2013년 6월 오후 이선은 장작을 패면서 시간에 대해
진지하게 생각했다. 새 침실을 짓겠다는 계획을 포기한 지
5년째였다. "꿈을 품는 사람들은 많습니다. 그러다가
취직을 하고 가정을 꾸리게 되지요. 그러다 보면 마흔 살,
쉰 살이 되고 어느 날 문득 꿈을 다 길가에 버리고 왔다는
걸 깨닫게 됩니다. 그런 일을 당하고 싶지는 않았습니다."
이선의 회상이다. "지금부터 20년이 지나고 나서 '그때
기회가 있었는데 왜 트리하우스를 만들지 않았지?'와
같은 생각은 하고 싶지 않았어요. 생각해 보니 그때는
시간도, 에너지도, 자원도 있었어요. 그래서 그 자리에서
결심했습니다. '좋았어. 내가 이 일을 해내겠어.'라고
말이지요."

　　이선은 근처를 걸어 다니면서 나무를 살폈다. 몇 그루
살피고 나서 키가 크고 튼튼한 라치로 결정했다. 그는
예전에 그렸던 드로잉들을 찾아내고 새 그림을 그리기
시작했다. 지역 건설업자 밑에서 일한 경험 덕분에 건축에
대한 이해가 깊어져 있었다. 구멍을 뚫고 나무에 못을
박는 건 되도록 피하고 싶었다. 못 박기는 목재를
나무줄기에 고정할 때 흔히 쓰는 믿음직한 방식이기도
하거니와 식물의 생장에 크게 방해되지 않는다. 하지만
이선은 대안을 찾으려고 마음먹고 있었다. 뭔가 독창적인
구조물을 만들고 싶다는 결심이 섰다. "트리하우스에 관
한 의도적으로 다른 사람들 말을 모조리 묵살했어요. 연구
같은 것도 아예 하지 않았습니다. 온전히 제 아이디어로만

페달로 동력을 전달하는 자전거.
엘리베이터는 도르래에 달린 까만색
물탱크로 균형을 맞춘다.

만들고 싶었어요. 속속들이 내 것이라는 느낌을 받고
싶었거든요. 이래라 저래라 지시하는 책을 들여다보지만
않으면 모든 가능성이 열려 있습니다."

　그날 오후, 이선은 재빨리 아이디어를 스케치하기
시작했다. 그리고 얼마 가지 않아 죔쇠로 고정하는
시스템을 고안해 냈다. 나무줄기 주위로 투바이포[10]를
여러 개 수직으로 덧대고 메탈케이블로 고정하는
방식이었다. 압력과 마찰 저항이 적당하게 맞아 떨어지면
투바이포가 적어도 이론적으로는 제자리에 버티고 서게
되어 있었다. 목재들이 앵커[11] 역할을 해서 트리하우스의

이선은 다리에 로프 난간을 설치할 생각을
해 본 적도 있다.

반대편) 벽은 웨스턴 레드시더로 지었다.
경량의 목재지만 부패에 아주 강하다.

---

10. two by four, 가로 2인치, 세로 4인치 제재목으로 북미의 전형적인 목조주택
구법의 약칭이다. 공칭치수(인치) 2×4, 2×8, 2×10, 2×12 등의 규격치수의 제재목을
사용하여 골조를 구성한다.[목재용어사전]

11. anchor, 구조물의 하중을 지반에 전달하는 구조체를 말한다.

앵커 시스템은 나무에 볼트를 박는 대신 나무를 '포옹하는' 두꺼운 스틸 케이블로 고정된다.

오른쪽) 자전거 엘리베이터는 도르래 시스템으로 작동한다.

반대편) 문에는 스프루스 가지를 장식했다. 실내 측벽은 화이트파인으로 시공했다.

골조를 부착할 수 있는 틀이 되는 식이었다.

이선은 쬠쇠 설계를 시험하기 위해 소형 프로토타입을 조립해 작은 나무에 지상 3피트 높이로 설치해 보았다. 판재에 작은 구멍을 뚫어 케이블로 단단히 엮은 후 그 끝에 볼트를 용접으로 붙였다. 고정된 판재는 꿈쩍도 하지 않았다. 직접 올라가 나무줄기를 껴안고 바닥판 위에서 쾅쾅 제자리 뛰기를 해 보기도 했다. 그래도 끄떡없었다.

이선은 쬠해 둔 라치로 돌아갔다. 줄기의 반경을 측정하고 더 큰 쬠쇠를 만들기 위한 구체적인 치수를 측정했다. 해가 상록수 숲 너머로 이울기 시작할 무렵 이선은 평면도를 그리기 시작했다. 시간이 지나면서 평면도는 원형에서 팔각형으로 발전했다가 최종적으로 육각형이 되었다. 면이 줄면서 골조는 더 가벼워지고 덜 복잡해졌다.

두 주에 걸쳐 이선은 오전 8시부터 오후 3시까지 자기 일을 했다. 그리고 집으로 돌아와 밤 9시까지, 아니 너무 어두워서 일하기 힘들 때까지 트리하우스에서 작업했다. 소꿉친구 에이자에게 제재기를 빌려 판재를 자르는 일을 도움받았다. 이선은 무게도 가볍고 잘 썩지 않는 시더를 골랐다. 어머니의 사유지에서 구할 수 있는 나무들 중에서는 제일 예쁘기도 했다. 쬠쇠 구조물을 만들고 바닥과 벽을 받칠 여섯 개의 삼각형 버팀대를 세웠다. 32피트 길이의 접이사다리를 빌렸는데, 이것이 트리하우스 높이의 기준이 되었다. 이선은 사다리 끝까지 올라가서 줄기에 자리를 표시했다. 암반 등반가이자 자칭 아드레날린 중독자인 이선에게 높이는 문제 되지 않았다.

60파운드 무게의 버팀목을 하나씩 어깨에 들쳐 메고 사다리 위로 옮겼다. 케이블로 쬠쇠를 영구 고정하는 작업을 할 때까지는 모든 자재를 타이다운 스트랩으로 묶어 두었다. 일주일 후 모든 설치가 끝났고 바닥마루를 다 까는 데 하루 반나절이 더 걸렸다. 이선은 마루의 모양이 트리하우스를 상징하는 육각형이 반영되기를 바랐다. 어울리는 패턴을 만들기 위해서 널판의 길이와 각도를 서서히 조정해야 했다. 그러나 예상치 못한 복병이 생겼다. 각도를 맞추다 보니 원래 잘랐던 모양에서 조금만 변형이 되어도 엉망이 되어 버렸던 것이다. 미쳐 버릴 것만 같았다. 마루를 까는 작업을 시작한 첫날, 이선은

처음에는 원형 평면도를 고려했지만 결국
단순한 육각형으로 결정했다.

나무에 올라가서 무려 8시간을 작업했다. 벽도 지붕도
없는 트리하우스는 움직일 때마다 바닥이 앞뒤로
기울었다. 그러다 단단한 땅을 밟으니 멀미가 났다.

마루를 까는 작업을 끝내고 나서부터는 트리하우스에서
파티를 열기 시작했다. 100평방피트의 바닥을 둘러 임시
난간을 만들었다. 가끔 친구들이 와서 자고 가기도 했다.

7월에서 8월 내내 트리하우스의 나머지 부분을
그때그때 임기응변으로 설계해 나갔다. 벽보다 지붕을
먼저 올렸다. 포치도 넣기로 했다. 그 전에 대책이
필요했다. 3개월 동안 32피트 높이의 스틸 사다리를
오르내린 횟수가 수백 번에 달했던 것이다. 무릎이 지쳐
있었다. 사다리는 형태면에서 조금 따분하기도 했다. 뭔가
엘리베이터 같은 게 필요하다는 생각이 들었다. 수동
크랭크와 윈치를 단 작은 플랫폼 같은 것이라면? 확신이
서지 않았다.

그때 친구 에이자가 페달을 밟아 가동하는
엘리베이터를 제안했다. 에이자는 두 바퀴가 나무줄기에
닿도록 자전거를 수직으로 매달면 근사해 보일 거라고
했다. 자전거가 나무를 타고 올라가는 방식 말이다.
이선은 수평으로 매다는 편이 만들기도 가동하기도 쉬울
것이라 판단했다. 게다가 자전거에 앉아 두둥실 떠올라
가면 멋져 보일 것이었다. 마치 중력을 거슬러 떠오르는
것 같을 테니까. 어머니의 낡은 다이아몬드백 자전거 한
대를 멋대로 쓰기로 하고 커다란 도르래 다섯 개와
150피트에 달하는 메탈케이블도 샀다. 얼개는 하루 만에
대충 설치하고 일주일 동안 이리 저리 손을 봤다. 하나는
골조 앞에 하나는 뒤에 케이블 두 개를 붙여 자전거가
앞이나 뒤로 기울어져 뒤집어지지 않도록 균형을 잡았다.
처음에는 페달을 밟기가 굉장히 어려웠다. 이선은 크랭크
세트에서 커다란 스프로킷[12]을 뺀 후 뒷바퀴 허브에 붙여
전동장치를 더 낮게 만들었다. 그리고 차고 근처
고철더미에서 낡은 물탱크를 하나 찾아냈다. 이선은
물탱크를 케이블 시스템에 부착하여 일정한 무게의 물을
부으면 페달을 밟을 때 자전거를 끌어올려 줄 균형추가 될
것이라고 생각했다. 그의 짐작은 옳았다. 자전거가 제대로

---

12. sprocket, 회전축에 고정되어 체인의 각 마디 사이에 맞물려 회전함으로써 동력을
전달하는 전동용 기계 요소. 체인 기어라고도 한다.[Basic 중학생을 위한 기술·가정
용어사전]

트리하우스에서 헛간 옆의 미송나무까지
집라인을 타고 갈 수 있다.

작동했다.

　이선은 찾아오는 손님들이 자전거 페달을 밟아 트리하우스로 올라가는 모습을 보고 있으면 뿌듯하기 짝이 없다. 엘리베이터가 건물 전체에 장난기를 덧칠해 준다는 걸 그는 잘 알고 있었다. 하지만 세상에 하나밖에 없는 쇔쇠 구조도 그 못지않게 설레고 흥분되었다. 트리하우스는 아주 서서히, 야금야금 1년에 2피트가량 줄기를 타고 내려오긴 하지만 일단은 상당히 잘 버텨 주고 있다. 게다가 집이 줄줄 흘러내리는 것을 막기 위해 보강공사도 했다. 트리하우스가 안정되면 나무줄기도 더 커질 테니까 쇔쇠를 조이면 더 이상 내려가지 않게 될 것이라고 이선은 믿는다. "그리고 뭐, 어차피 제가 옳은지 아닌지는 시간이 가야 알게 될 테니까요." 그가 미소 짓는다.

캐나다 누트카섬의 서핑 캐빈
(딘 에이짐 제공)

워싱턴주 스탠우드 근방 소재
필척 글래스 스쿨의 버스터 심슨 트리하우스
(알렉 밀러 제공)

버몬트주 웨이츠필드의
예스터모로우 디자인/빌드 스쿨
(예스터모로우 디자인/빌드 스쿨 제공)

앞장) **일리노이주 시카고의 벨 애비뉴**
(에릭 A. 젠센 제공)

미네소타주 코튼
윈 킨슬리의 통나무집
(케이티 앤더슨 제공)

뉴햄프셔주 스완지
로프트 다락방, 두 개의 작은 발코니, 우드펠릿을
때는 스토브 등을 구비한 오피스 겸 게스트하우스
(맷 베케마이어 제공)

핀란드 레이크랜드 지역의 숲에 있는
일곱 그루 나무에 걸쳐 지은 집 푸마야
(앤드루 랜빌 제공)

캐나다 브리티시 콜럼비아주
휘슬러 중고 매매 사이트에서 공짜 자재를 주재료로 지은
나무집 헴로프트
(조엘 앨런 제공)

슬로베니아 루코비카
(록 페즈디르크 제공)

스웨덴 노르보텐의 작고 빨간 트리하우스
(피터 룬드스트룀/WDO 제공)

소박한 쉼터를
짓는 법

건축학도가
사막의 유산을 이어가다.

🌲

애리조나주 스콧츠데일

열기는 무자비했다. 구슬 같은 땀방울이 데이브
프레이지의 이마에서 뚝뚝 흘러내렸다. 그는 걸어서
애리조나주 스콧츠데일 북동부 경계를 따라 펼쳐진
500에이커의 땅을 탐험하고 있었다. 오후가 되어 기온이
치솟자 데이브 자신도 도저히 믿을 수 없는 상황에
직면했다. 깜박 잊고 물을 챙겨 오지 않았던 것이다.
디트로이트강 하류의 교외에서 태어나 자란 데이브는
사막에 와 본 적이 없었다. 2007년 프랭크 로이드
라이트가 설립한 건축 교육 프로그램인 탈리에신
웨스트에 참여하러 스콧츠데일에 왔을 때 데이브는 모든
면에서 준비가 부족했다. 그는 고작 스물한 살이었다.
불안하고 초조했다. "어딜 가나 뱀과 전갈이 널려 있는 줄
알았어요." 그는 회상한다. "그러니까 '이거 뭐야,
미쳤어?'라는 말이 절로 나오는 상황이었죠. 이런
오지에서 살아야 한다니 도무지 믿을 수가 없었습니다."
 1937년 프랭크 로이드 라이트는 거칠고 개발이 덜 된
땅을 구입해 10여 명의 수련생을 받을 만큼 넉넉한
작업실이 딸린 겨울 별장을 지었다. '사막 위의 캠퍼스'는
그렇게 출발했다. 라이트와 제자들은 1년 중에 일정
기간은 위스콘신의 복합건물에서 지내고, 나머지 기간은
스콧츠데일에서 보냈다. 탈리에신 웨스트의 학생들은

데이브 프레이지는 애리조나주 스콧츠데일의
별장을 설계하고 건설하는 데 2년 이상의
시간을 투자했다.

기숙사 대신 텐트를 치고 캠핑을 했다. 패턴을 좋아하던 성향과 '유기적 건축 사조'(건물이 자연 환경과 어우러지게 존재해야 한다는 사조)에 어울리게 프랭크 로이드 라이트는 원래 캠프장을 3개의 삼각형 콘크리트 집터(텐트 하나에 집터 하나씩 차지하도록)로 구성되도록 설계했다. 세월이 흐르면서 교내에 수십 개의 캠프장이 생겼고 거미줄처럼 이어진 돌로 테두리를 쌓은 비포장 보도들로 연결되었다. 여전히 텐트 신세를 벗어나지 못한 라이트의 제자들은 삼각형 대신 사각형 콘크리트 집터를 쓰기로 했다.

시간이 지나면서 학생들은 캠프장에 각자 나름대로 반영구적인 쉼터를 구상하고 건설했다. 1959년 라이트가 세상을 떠나고 나서도 프로그램은 굳건히 계속되었다. 거의 80년 동안 탈리에신 웨스트에서는 숙소를 짓는 의례가 이어져 왔다. 이제는 대략 80군데에 캠핑장이 생겼는데, 이곳에서 학생들은 여전히 광범위한 형태와 소재로 실험을 거듭하고 있다. 수많은 실험적 구조물들이 거뜬하게 남아 있지만 자재를 재활용하고 터를 비우기 위해 철거되는 건물도 여럿 있다. 사막을 산책하다 보면 낡은 건물의 쇠락한 잔해를 맞닥뜨리기 일쑤다.

2007년 머리 위로 무섭게 해가 내리쬐던 그날 오후, 데이브는 지평선을 바라보다가 저 멀리 하얀 굴뚝을 발견했다. 7.5피트 높이의 굴뚝은 팔로 버드나무(Palo Verde tree) 한 그루와 1피트 높이의 하얀 벽돌 벽 두 개 말고는 아무것도 없는 콘크리트 집터 사이에 서 있었다. 데이브는 굴뚝을 만들 때 콘크리트를 손으로 섞어 부으며 서서히 오랜 시간에 걸쳐 형상을 갖추었을 거라고 짐작했다. 두 개의 콘크리트 바닥 사이로 돌출해 있는 것은 부러진 파형 금속 시트였는데 아마도 지붕이었던 것으로 추정되었다. 데이브는 오후 내내 그것을 관찰하며 고민에 빠졌다. 메마른 사막의 열기 속에서 몸 상태가 어떤지 살필 여념은 없었다. 그날 저녁 탈리에신 웨스트의 식당 숙소에서 고열과 구역질로 시달리던 그는 결국 병원으로 옮겨져 탈수 치료를 받았다.

그럼에도 데이브는 낙심하지 않았다. 그는 일주일 후 다시 사막으로 돌아갔다. 이번에는 물을 챙겨서. 굴뚝 속에 작은 모닥불을 지피고 홀린 듯 불을 바라보았다. 얼마 후 데이브는 굴뚝을 활용해 쉼터를 지을

튼튼하고 내구성이 좋기 때문에 냉간 압연 철강을 선택해 시공했다. 녹이 슬면서 자연스럽게 생기는 고색이 사막의 붉은 바위와 닮았다.

아이디어를 스케치하기 시작했다. 첫 계획은 말 그대로 돌무덤을 만드는 것이었다. 데이브가 생각하는 통나무집을 사막 버전으로 바꾼 것이었다. 그는 공부를 하다가 짬이 나면 근처 산맥으로 등산을 가서 화산 지대의 검은 돌멩이를 한두 개씩 주워 반마일 거리의 굴뚝까지 짊어지고 왔다. 데이브는 수집 작업을 소리 없이 진행했다. 그 장소를 개발하기 위한 허락을 구하지 않은 상태였기 때문이다. 한 달 후, 그는 서른 개의 돌멩이를 쌓아 돌무덤을 만들었다.

그런데 사막 생태학 강의를 수강하던 중 교수님으로부터 사막에서 돌멩이 하나를 옮기는 것만으로도 주변의 식물과 동물 생태계에 환경적으로 여파가 번질 수 있다는 설명을 듣게 되었다. 데이브는 쉼터 건설을 잠시 중단했다. 배움이 한참 모자란다는 생각이 들었다.

청소년기에는 여름철마다 또래 사촌들과 함께 기초적인 목공 일을 하면서 주택 골조를 세웠고 석공 일도 배웠다. 그렇게 토목에 대한 이해를 넓혀 갔다. 하지만 설계에 관해서는 좀 더 깊은 조예가 필요했다. 그는 일단 공부에 전념했다. 2년 동안 탈리에신 웨스트에서 공부하면서 학기 중에 수시로 굴뚝을 찾았다. 여러 가지 가능성을 타진하고 쉼터를 스케치하면서 모닥불을 지폈고 그것도 아니면 그냥 앉아서 사막을 관찰했다. 가끔은 굴뚝 옆에 간이침상을 설치하고 침낭에 기어들어가 밤을 보내기도 했다. 또는 근처에 텐트를 치고 야영을 하거나 자가용인 은색 지프 리버티의 지붕 위에 요가 매트를 깔기도 했다. 전갈, 뱀, 쥐 떼를 피하고 사막 지면과 떨어져 조금이라도 높은 데 올라가 있다는 느낌이면 데이브는 무엇이든 좋았다.

활짝 열리는 커스텀 창호를 보면 데이브는 우주선이
생각난다고 한다.

(반대편) 자작나무 합판으로 제작한 선반은 우드
스테인을 발라 착색했다.

　2009년 10월 탈리에신 웨스트의 대학원 과정으로
진학하면서 데이브는 굴뚝 옆에 제대로 된 쉼터를
설계하는 일을 착수할 때가 되었다고 판단했다. 그는 가장
먼저 현장의 역사를 연구하기 시작했다. 자기만의
독자적인 기획으로 현장을 덮어 버리기 보다는 건축가의
의도를 이해하고 고려하고 싶었다. "건축이 아름다운
점이라면 작업 안에서 꾸준히 대화가 이루어진다는 데
있죠." 그는 말한다. "그 대화를 두 팔 벌려 포용하는
수밖에 다른 도리가 없어요."

　데이브는 탈리에신의 교수인 앵거스 조지에게 굴뚝에
대한 강박적 집착을 토로했다. 알고 보니 그 역시

벽은 두 가지 거친 자재를 가공해서 시공했다. 합판은
연한 내추럴 스테인을 발랐고 듀록은 석고로 표면
처리를 다시 했다.

반대편) 1950년대로 거슬러 올라가는 콘크리트 굴뚝

1980년대에 탈리에신에 재학하면서 그 굴뚝 현장과
사랑에 빠진 적이 있었다. 애리스는 두 번째 콘크리트
슬라브를 가져다 파티오로 설치하고 L형태의 콘크리트
블록을 만들어 한쪽 벽을 확장한 장본인이 바로
본인이라고 했다. 그러나 자기도 다른 여느 학생들과
마찬가지로 대학원 논문 준비에 정신이 팔려 끝내 쉼터
프로젝트를 완수하지 못했다고 솔직히 털어 놓았다.
데이브는 이에 자극을 받아 끝까지 해 보겠다는 결심을
다졌다. 데이브는 애리스와 함께 학교 아카이브를 뒤져
낡은 슬라이드 몇 장을 발굴해 냈다. 쉼터를 처음 지은
사람은 1952년에 입학한 라이트의 제자 오브리

뱅크스였다. 원래는 굴뚝에서 뻗어 나온 시트메탈 지붕이 집터에 박인 철 기둥 두 개와 연결되었다. 실내와 실외에서 이중으로 파티오 공간을 만들고자 했던 것이 뱅크스의 의도였다.

데이브는 기존 디자인을 근거로 새로운 쉼터를 스케치했다. 그러나 다른 건축가의 구상을 재건하는 작업은 설레지 않았다. 데이브는 원래의 현장과 굴뚝을 기하학적으로 각색했다. 각 요소의 비율을 해체해 굴뚝, 집터, 벽의 독자적 형태를 검토해 보았다. 그리고 각각의 형상을 스케치하고 상대적 비율을 이리 저리 바꿔 보기 시작했다. 손과 컴퓨터를 이용해 수백 장의 드로잉을 그린 끝에 주요 디자인을 다섯 가지로 압축할 수 있었다. 그중 특히 데이브 마음에 드는 디자인이 하나 있었다. 파티오 전체를 자유롭게 자른 유리로 감싸고, 그 위에

시트메탈 지붕을 덮은 디자인이었다. 쉼터에 사는 사람들로 하여금 사막에 있다는 착시를 갖게 하면서도 자연으로부터 보호받는 편안함을 느끼게 해 주고 싶었다.

데이브는 그 디자인을 물끄러미 바라보았다. 어딘가 약간 잘못됐다는 느낌이 들었다. 그는 "중요하지 않은 것은 삭제하라."는 라이트의 생각을 따르고 싶었다. "그 당시 저는 라이트의 유소니언 하우스[13]를 연구하면서 아카이브에서 오랜 시간을 보내곤 했습니다." 데이브의 말이다. "엄청난 정보를 모은 다음 설계에서 철저히 필요한 요소만 남기고 다 없앤다는 것이 정말로 무슨 말인지 실감나기 시작했어요." 그는 지붕을 줄여 파티오의 공간이 점점 더 야외로 노출되도록 했다.

---

13. Usonian houses, 프랭크 로이드 라이트가 경제 불황기인 1930년대 중산층 가정용 주거형태로 제안했던 저렴한 주택을 말한다.

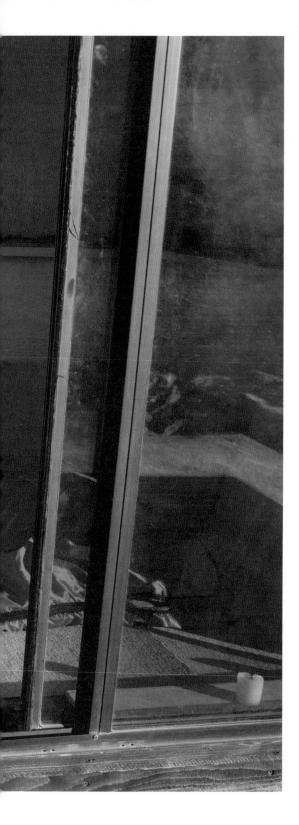

결국 설계의 장식적 요소는 다 정리되고 퀸사이즈 매트리스가 딱 하나 들어갈 만한 '슬리핑 박스'만 남게 되었다.

2010년 초반 데이브는 소위 탈리에신 웨스트의 '뼈 무덤'에서 자재를 긁어모으기 시작했다. 뼈 무덤은 학생들이 다른 작업을 하다가 남은 자재들을 버리는 장소다. 데이브는 녹슬고 풍화된 튜브 스틸 더미를 뒤져 12피트 규격의 튜브 스틸 네 개를 캠퍼스 작업실에 가져다 놓았다. 그해 2월 데이브는 친구와 함께 가로 5피트, 세로 9피트 규격의 시트 스틸을 용접해 박스 프레임을 만들었다. 원래 있던 벽돌 담 하나에 박아 놓은 메탈 플레이트에 박스 프레임을 용접해 붙일 계획이었다. 아세틸렌 토치를 썼더니 스틸에 자꾸 구멍이 뚫렸다. MIG 용접기를 썼다면 열을 조정해 적당한 온도를 맞출 수 있었을 것이다. 그러나 그러려면 이동식 발전기가 감당할 수 없는 어마어마한 전력이 필요했다. 하는 수 없이 벽의 플레이트에 볼트를 박아 박스 프레임을 고정시키고 상자 반대쪽에 두 개의 철 기둥을 용접해서 붙였다.

2010년 3월에는 드디어 바닥에서 잠을 잘 수 있게 되었다. 별을 보며 누운 채로 설계를 따져 보며 기둥을 덧붙인 게 실수가 아닐까 고민을 거듭했다. 일부 교수님 역시 그의 작업이 실패했다고 생각했다. 데이브도 기둥으로 인해 미학적으로 큰 손실이 생겼다는 점은 인정했지만 밀고 나가겠다는 결심만은 변함이 없었다. 그러나 몇 주일 후 그는 스콧츠데일을 떠나 탈리에신 위스콘신 캠퍼스로 돌아가야 했다. 그는 슬리핑 박스의 프레임을 투바이포와 합판으로 작업하기로 타협했다. 그러면 훨씬 빨리 기둥을 올릴 수 있기 때문이다. 그는 '헤비타트' 재활용 자재상에 가서 슬라이딩 유리 창호를 300달러에 샀다. 뼈 무덤에서 유리창호 두 개를 더 구했다. 흰색 지붕(혹서와 혹한에 강한 리퀴드 폴리머 코팅)을 올리고 비를 막는 검은 비흘림[14]과 비흘림판[15]을 두른 뒤 합판을 루핑 펠트(타이벡보다 악천후에 강하고 값비싼 방습포)로 썼다. 그는 친구와 함께 일주일 만에 프레임

---

14. flashing, 지붕과 벽시공에 사용되는 금속 시트 등의 재료를 이용하여 구조물의 인접부로 물이 들어가는 것을 방지한다.

15. drip edge, 문 창틀 옥외 상부 측면에 설치한 몰딩으로 틀 바깥쪽으로 물이 떨어지게 되어 있다.

데이브 프레이지는 퀸사이즈 매트리스가 딱 하나 들어갈 크기의 평면도를 설계했다.

작업을 마쳤다. 그 후에는 다 잘되기만 바랐다.

7개월이 지난 2010년 10월에 돌아와 보니 슬리핑 박스는 멀쩡했다. 위스콘신에서 지내면서 학위 과정을 밟는 동안에도 데이브는 쉼터 생각을 계속해 왔다. 적어도 외벽 일부만이라도 0.13인치 스틸 15장을 마무리 작업에 쓰려는 마음을 먹고 온 참이었다. 두께가 과하다 싶기는 했지만(시트 한 장 무게가 30파운드씩 나갔다.) 데이브는 스틸 강판이라면 혹독한 태양 아래에서도 우그러지지도 휘지도 뒤틀리지도 않을 터였다. 쉼터가 사막을 이겨낼 수 있도록 짓고 싶었다. 두꺼운 스틸 강판을 자르는 일은 너무 복잡해서 혼자 하기 힘들었지만, 더 작은 사이즈의 강판을 쓸 수는 없었다. "그 굴뚝은 평범한 선으로 되어 있어요. 수직으로 쌓여 있으면서도 수평적인 느낌을 창출하지요. 그런 느낌을 반영하고 싶었습니다. 그래서 스틸이 콘크리트에게 이런 말을 하게 만들고 싶었어요. '좋아, 우리는 서로 재질이 다르지만 서로 대화를 나누고 있어.'" 데이브는 스틸 강판 제작자에게 미리 연락을 취해 도면을 따라 강판을 잘라 주겠다는 약속을 받아 두었다. 한편으로 '레인 앤 에어 월 시스템'도 연구했다. 외벽과 내벽 사이에 간극을 만들어 단열을 하는 방식이다. 스틸을 직접 프레임에 붙이지 않고 '열 채널'이라는 길쭉한 금속판들을 먼저 시공한 뒤 그 위에 스틸 강판을 붙이는 방법이다. 외벽의 스틸이 뜨거워져서 열이 발생하더라도 실내에 닿지 못하고 흩어지는 원리다.

데이브는 측벽에 붙어 있는 고정 유리창 두 개는 나중에 철거할 생각이었다. 마음속으로는 날개를 펼친 것처럼 활짝 열리는 유리창을 꿈꾸고 있었다. 자기만의 작은 쉼터가 우주선을 닮기를 원했다. 다행히 탈리에신의 지인이 '아키텍추럴 윈도우 매뉴팩처링 컴퍼니'와 연결해 주어 단열유리로 된 거대한 커스텀 창호를 기부받게 되었다. 2011년 초 창호를 설치했다. 어닝 유리창은 2.5피트 폭까지 열려서 창을 통해 집 밖으로 나갈 수 있을 정도였다.

2011년 봄에는 외벽을 목재로 마감하는 작업을 끝냈다. 값싼 레드우드에 에보니 스테인을 직접 발라서 붙였다. 시간이 지나면 상당 부분 빛이 바랄 텐데, 그게 바로 핵심이었다. 쇠가 녹슬 듯 흐르는 세월에 따라 연식을

굴뚝과 직각을 이루도록 설계해 숨어 있는 아늑한 야외공간을 만들었다.

드러내길 바랐다. 외관도 완성되었다. 그러나 데이브는
신이 나지 않았다. 스트레스를 받았다. 이쯤에서
프로젝트가 다 끝나게 될 거라 생각했었다. 고작 작은
상자 하나를 만드는 일이었으니까. 하지만 일은 더뎠다.
그는 곧 위스콘신으로 돌아가야 했고 12월에 졸업을
하려면 쉼터와 마지막 포트폴리오 작업을 반드시 마쳐야
했다.

　2011년 10월에 스콧츠데일로 돌아온 데이브는 쉼터의
인테리어 작업에 의욕적으로 매달렸다. 외관과 실내를
통합하는 몇 가지 간단한 방법을 찾아낼 작정이었다.
자작나무 합판으로 수납장을 만들어 스테인을 발랐다.
선반은 하얀 벽돌 모양을 반영하도록 L자 형태로
제작했다. 실내 뒷벽, 측벽과 천장에는 타일 작업에 흔히
쓰는 듀록이라는 시멘트보드를 쓰기로 했다. 탈리에신
웨스트에서 라이트의 독창적인 사막 석재 작업을 도맡아
수리하는 석수 론 보스웰이 데이브에게 듀록 위에
매끄럽게 석회를 바르는 법을 가르쳐 주었다. 데이브는
석회 일부는 거칠게 내버려 두었다. 내부가 동굴처럼
보이기를 바랐던 것이다. 이 쉼터가 '동굴 거주자'와
'유목민'이라는 프랭크 로이드 라이트의 개념에
부합하기를 바랐다. 라이트는 사회가 이 두 가지와 같이
상반되는 타입의 사람들로 구성되어 있다고 보았다.
데이브는 자신의 쉼터에 두 유형이 혼재되어 조화를
이루기를 바랐다. 실내는 동굴이었으나 창문과 문을 열면
탁 트인 사막으로 이어지는 드넓은 야외 파티오 공간을
만끽할 수도 있었다.

　졸업 일주일 전 데이브는 쉼터 작업을 거의 마무리했다.
여전히 주변에는 거대한 검은 돌멩이 더미가 널브러져
있었다. 어떻게든 활용해야 한다는 마음이 있어서 상자를
지탱하는 두 기둥 주변에 돌들을 늘어놓았다. 그는 치즈와
크래커, 크래프트 비어, 테카테 타코, 앤젤스 셰어
발리와인 한 병으로 파티를 열었다. 탈리에신 웨스트의
재학생 모두가 와서 축하해 주었다.

　2011년 12월 졸업한 뒤로 데이브는 딱 한 번 탈리에신
웨스트를 찾았다. 2014년 여름이었다. 사막을 걸어 쉼터를
살펴보러 가는 심정은 복잡했다. 모든 것이 사라졌다면
어쩌나. 흥분되면서도 불안했다. 다행히도 모든 것은
변함없이 그대로였다.

아카이브

ARCHIVE

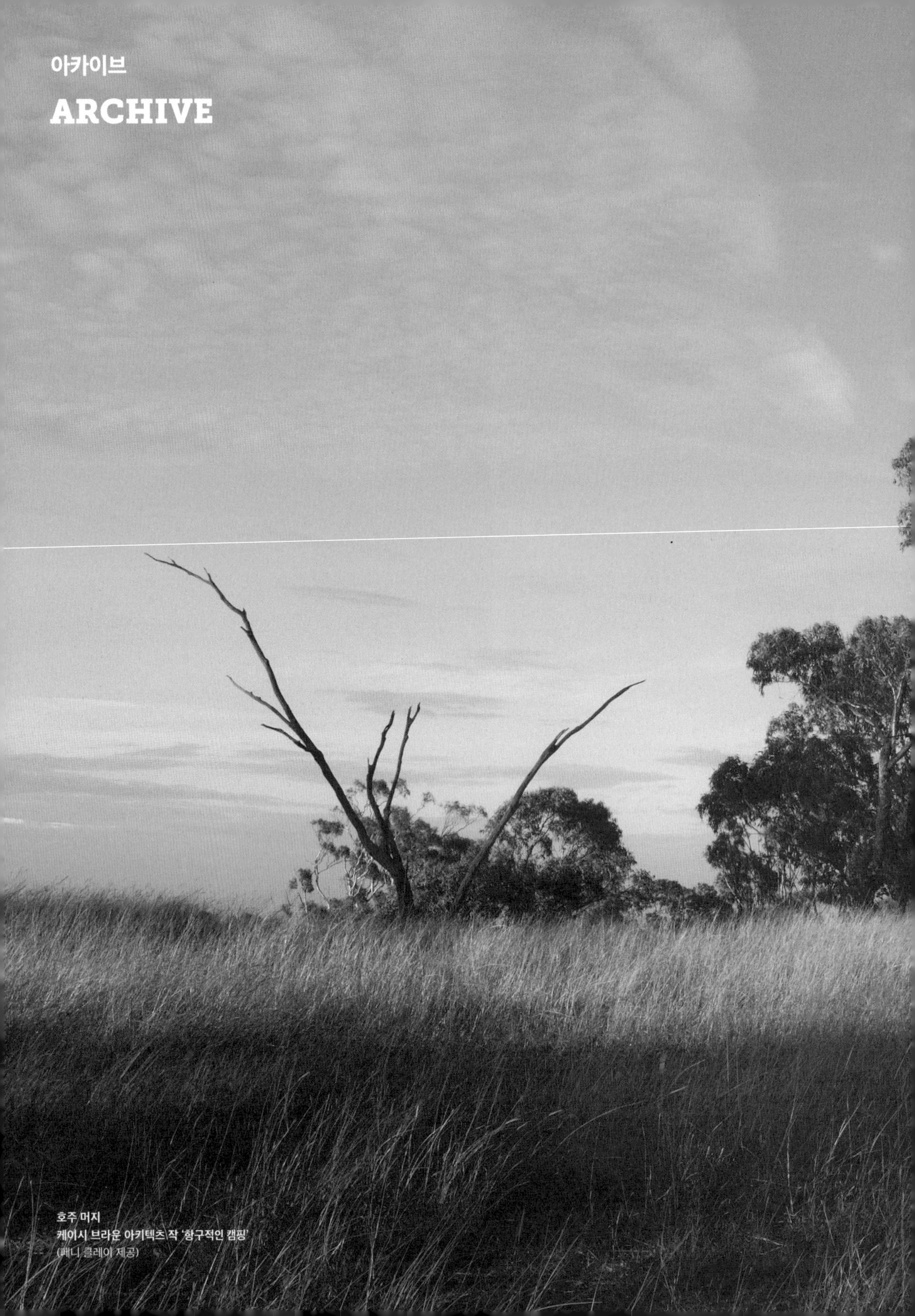

호주 머지
케이시 브라운 아키텍츠 작 '항구적인 캠핑'
(페니 클레이 제공)

앞장) 호주 월포트 소재
버나드 리거 디자인 작
발트 하우스 '숲 부엉이의 집'
(아돌프 베로이터 제공)

로포텐섬 아우스트보괴위
그룬페르의 국립 관광 보행로를 따라 설치된
무료 대피소
(피에르 웍버그 제공)

호주 틴탈드라
정화조와 빗물 탱크, 태양광 패널까지
갖춘 조립식 주택
(제이미 디아즈베리오 제공)

앞장) **칠레 이스터 섬의 모레라바 주택**
(세바스티안 체르다 페/AATA 아키텍토스 제공)

프랑스 론 소재
바딤 세랑돈이 설계한 정원의 오두막
(바딤 세랑돈 제공)

에스토니아 칼라나의 힐루마섬 소재
타모 피르메츠가 설계한
서퍼 휴게소
(비르게 비에르텍 제공)

223

캘리포니아 토팡가의 수공으로 지은 주택
(메이슨 세인트 피터 제공)

태국 치앙마이 치앙 다오
(클라이드 파울 제공)

앞장) **독일 오베르비젠탈의 가옥**
(세바스티안 하이제 제공)

스위스 필름스의 레푸기 리프트가스.
니키쉬 사노 발더 아키텍텐이 설계했다.
역사적인 통나무 헛간의 외관은 그대로 두고
내부에 콘크리트를 부어 새로운 골조를 구축했다.
(가우덴즈 다누저 제공)

7. 흙집

EARTHEN

지하에서
사는 법

예술가가 언덕등성을 파서
자기만의 공간을 만들다.

🌲

오리건주 조세프

판잣집에 도착하기 전부터 댄 프라이스는 뭔가
잘못됐다는 걸 알아차렸다. 현관문이 경첩에서 떨어져
덜렁거리고 있었다. 누군가 집에 침입한 것이다. 댄은
문간에 조심스럽게 발을 들이고 두리번거리며 안을
살폈다. 노트북, 야외용 장비, 옷가지, 카메라 세 개가
없어졌다. 포토저널리스트로 10년 넘게 일하면서
함께했던, 풍파에 낡은 라이카 M42도 그중 하나였다.
　댄은 분노했고 또 상심했다. 하지만 이런 일이 일어난
데는 이유가 있다는 생각도 들었다. 그는 스스로를
다독였다. '이봐, 우주가 너한테 말하고 있는 거야.
쓰레기를 너무 많이 가지고 있으니까 이제 그만 갖다
버리라고 말이지.'
　댄은 즉시 시더나무 판잣집의 판자를 하나씩 뜯어
해체하기 시작했다. 그는 2년 전 꼬박 2주일 동안
작업해서 오리건주 조세프의 초원을 굽어보는
언덕등성에 가로 6피트, 세로 10피트 너비의 판잣집을
세웠다. 오리건 북동부 지역에 자리한 조세프는
왈로와산맥에서 끝나는 2차선 고속도로 마지막에 있는
작은 마을이었다. 산봉우리에 만년설이 뒤덮인
왈로와산맥은 오리건의 알프스로 유명하다. 대략
40마일에 걸쳐 수십 개의 산정호수와 빙하곡이 뻗어 있고

움막은 언덕등성을 6피트 깊이로 파서 목재
골조로 떠받쳤다.

검은 곰, 대머리 독수리, 야생 양을 비롯한 다양한
야생동물이 살고 있다. 1990년 서른두 살의 나이에
조세프로 이사 왔을 무렵, 댄은 일에 대한 피로도가
극심해 글을 쓰고 그림을 그릴 조용한 곳을 찾고 있었다.
손수 지은 집에서 소박한 삶을 살아가는 이야기를 쓴 할란
허바드의 책『페인 할로우(Payne Hollow)』에서 일부
영감을 받아 현대 문명의 이기를 버리고 자연 속에서
소박하게 사는 삶이 영적으로나 창조적으로나 충만한
삶을 가져다 준다고 믿었던 것이다. 처음에는 숲속의 낡은
통나무집을 찾아 수리하려고 했다. 그러나 마을 근처의 텅
빈 말 방목장을 발견한 후 마음이 바뀌었다. 그는
주인에게 1년에 100달러를 줄 테니 2에이커의 땅을
임대하라고 설득했다. 그 대가로 울타리를 고치고 나무를
베고 사유지 관리를 맡아 주겠다고 제안했다.

막다른 도로에서 100피트 아래, 나무가 무성하게
우거진 왈로와 강변을 따라 아늑하게 자리 잡은 그 땅은
한폭의 그림 같았다. 댄은 영구적인 건물은 절대 짓고
싶지 않았다. "일단 어디든 한참 살아 보고 난 후 그
다음에 콘크리트를 들이붓든지 말든지 하는 거지요."
댄의 말이다. 그는 기꺼이 실험을 할 태세가 되어 있었다.
그때부터 소지품을 줄이는 작업을 시작했다. 호텔방
하나를 빌려 사무실로 쓰면서 소규모의 사진잡지를
발행하는 일을 하고 생업과 관련된 모든 것을 모아
두었다. 초원에는 원뿔형 인디언 천막 티피를 설치했다.
댄은 그곳을 천으로 지은 성당이라고 불렀다. 밤이면
'티피의 연기 날개'[16] 구멍으로 하늘에 떠 있는 별을
보았다. 여름마다 전부인과 두 아이가 휴가를 오다가 결국
근처 마을로 이사를 왔다. 그는 처소를 16피트 너비의
인디언 티피로 업그레이드하고 원목마루를 깔고 전기를
끌어오면서 마침내 호텔 생활을 접었다. 시간이 지나면서
돔 지붕을 올린 다양한 소규모 가옥을 여럿 지었고
4평방피트의 야외변소도 세웠다. 작은 연못 두 군데를
파서 물을 끌어들이고 정원에 식물을 심고 초원을
아름답게 가꾸는 일을 계속했다.

두세 번의 겨울이 지나자 댄은 눈 속에 파묻힌 티피를
파내는 일이 지겨워졌다. 관리하는 데 품도 너무 많이

---

16. 인디언 티피의 연기 날개(Smoke Flap)는 겨울철 화덕을 피울 때 연기가 빠져
나가는 배출구 역할을 한다.

댄 프라이스는 같은 땅에 두 군데의 소굴을
더 팠다. 더 큰 굴에 화가 작업실과 사무실이
있다.

들었다. 그래서 버드나무를 휘어 돔 천장이 있는 가로
9피트, 세로 12피트의 오두막을 짓고 거친 마대로 덮었다.
웬만하면 값이 싸거나 재활용한 자재만 쓰는 편이었기
때문에 정서적으로나 재정적으로나 부담스럽게
투자한다는 느낌은 들지 않았다. 두 번째 돔을 오두막에
붙였을 때 생각보다 결과가 마음에 들지 않아 건물 전체를
해체해 버렸다. "어떤 식으로든 짐이 될 만한 건 사양이라
항상 물건을 버리고 없애고 편집하고 있습니다. 그것이
건물일지라도 안 되겠다 싶으면 없애야죠."
  1998년 가택 침입 사건이 일어난 후에도 댄은 신속하게
시더 너와판을 다 떼어 내고 오두막을 허물어 버렸다.

미술 작업실 천창은 철근으로 만들었다.

반대편) 오두막 본관은 침실과 핫플레이트를 구비한
주방이다.

237

겨울에는 난방도 어려웠다. 수년 동안 둥근 집에서만 살아서 사각형 집에서 사는 생활도 영 적응이 되지 않았다. 너와판과 판재는 떼어 내는 대로 족족 모닥불에 넣었는데, 불길이 사흘 동안 타오르면서 10피트 높이까지 치솟았다. 나흘째 되는 날 오두막은 사라졌다. 남은 건 언덕등성을 파고드는 2.5피트 너비의 터널 하나밖에 없었다.

한 달 전, 댄은 오두막과 움막을 잇기 위해 터널을 뚫었다. 움막 뒤 왼쪽 모퉁이에 구멍을 판 후 동굴 같은 방으로 기어들어가는 나무 통로를 만들었다. 터널로 들어가면 8피트 넓이, 3피트 높이의 둥근 침실이 나온다. 뉴멕시코 차코 캐년에서 발견된 고대의 지하 키바[17]에서 영감을 받았다. 댄의 구조물을 보고 미국 원주민의 흙집을 떠올리는 사람들도 있을 것이다. 대평원의 부족이 발전시킨 흙집은 서까래와 기둥 골조에 진흙이나 찰흙을 풀과 나뭇가지와 섞어 발라 완성된다. 겉으로 보면 커다란 흙무덤에 낮고 비좁은 진입로가 달려 있는 것처럼 보이는 이 흙집의 작업 과정은 간단했다. 댄은 아들의 도움을 받아 3주일 동안 송곳과 삽으로 오두막 뒤편의 산등성이를 팠다. 그리고 널찍한 플라스틱 시트로 구멍 입구에서부터 테두리 바깥까지 모두 덮었다. 벽에는 재활용한 투바이식스 판재를 땅에 수직으로 고정시켰다. 골조만 보면 원목 사우나 같은 모습이었다. 마루에는 마을 근처에서 주워 온 벽돌을 깔았다. 벽돌 위에 플라스틱을 한 층 깔고 카펫 패딩을 대고 털 깔개를 덮었다. 지붕에는 둥근 골조 꼭대기까지 전부 투바이포를 덧댔다. 지붕에 2피트 크기의 구멍을 뚫고 플라스틱 시트 끝을 잡아당겨서 그 끝을 스테이플러로 찍었다. 플라스틱 조각 몇 개를 지붕 위에 덧붙이고 2~3피트 두께의 흙으로 덮었다. 플라스틱이 나무의 건조를 막아 줄 테고 흙이 침실에서 열기가 빠져 나가지 않게 해 줄 터였다.

오두막을 헐어 버린 후 댄은 그 자리에 앉아 지하 침실로 들어가는 입구를 멍하니 바라보았다. 그냥 저

---

17. kiva. 북미 남서부 아나사지 문화 특유의 원형 지하식 건조물. 호피어(語)에서 유래하였다. 다수 원형이지만 때로는 장방형일 때도 있다. 부락의 중앙광장에 만들어져 남성들의 집회장, 의식장, 작업장으로 이용되었다. 옛날의 수혈 주거에 기원을 두었다고 전해지며, 중앙에는 화로가 있고 벽을 따라 벤치, 통풍구, 지붕을 떠받치는 기둥 등의 구조를 가진다. 입구는 달리 만들 수 없어 지붕으로부터 사다리로 출입한다.[미술대사전(용어편)]

아트 스튜디오 입구는 풀이 무성한 흙집의 오버행과 돌벽 사이에 있어서 자칫하면 놓치기 쉽다.

동그란 방 하나에서 살면 어떨까? 오두막에 있던 테이블,
의자, 서랍장을 없앤다는 아이디어가 마음에 들었다. 수공
연장처럼 도저히 버릴 수 없는 소지품들은 바깥 헛간과
강가에 지은 작은 샤워용 움막에 나누어 갖다 놓으면
되었다. "수퍼클린 라이프스타일이죠. 스위스 시계처럼
효과가 좋습니다." 그는 말한다. "제가 가진 모든 게
픽업트럭 하나에 다 들어가니까요."

사이즈를 줄이는 것도 좋지만 산비탈로 사라진다는
생각 자체가 어쩐지 매력적인 데가 있었다. 자연 풍경
위에 또 다른 건물을 세우는 게 아니라 풍경과 하나로
어우러진다는 게 댄의 마음을 끌었다. 며칠 동안 터널을
짧게 줄이고 투바이에잇(과 자물쇠 두 개)으로 현관문을
만들고 더 두꺼운 플렉시글라스로 천장을 다시 달고
파티오로 쓸 벽돌을 깔았다.

몇 년 뒤「반지의 제왕」 1편이 극장에서 개봉했다. 열두
살 소년이었던 댄은 톨킨의 책『호빗』에 푹 빠진 나머지
자기만의 지하 요새를 지으려 시도해 보기도 했다. 물론
합판을 덮은 평범한 구덩이에 불과했다. 수십 년이 지난
지금 영화를 보니 정말로 호빗의 집에 살게 되었다는 것을
실감할 수 있었다. 댄은 강가에서 쓰러진 소나무 한
그루를 발견했다. 흐르는 물살에 커다란 가지 하나가
뒤틀려져 휘어 있었다. 댄은 집 앞에 그 나뭇가지를 놓아
지지대로 삼고 오버행을 만들기로 했다. 자투리 널판을
이용해서 지붕을 조립했고 임나하강 근처 계곡에서 차에
가득 실어 온 이끼 덮인 돌을 쌓아 장식했다.

"낡은 자재를 활용하면 여기에 29년 쯤 산 기분이
들어요. 저는 목수 치고 거친 편이죠. 마감 작업을 많이
하는 걸 좋아하지 않아요. 직각자나 수준기도 쓰지
않습니다. 그냥 아무렇게나 모은 나무더미와 줄자만 놓고
손에 잡히는 대로 붙여 나가다 보면 마지막에 완벽하게
맞아 떨어지거든요. 이런 게 선(禪)이죠. 순간순간 흐르는
대로 하는 거예요."

건축에 대한 댄의 태도는 삶의 철학을 반영한다. 오랜
세월 동안 댄은 발길 닿는 대로 전국을 떠돌아다녔다.
훌쩍 기차에 올라타거나 자전거로 고속도로를 달리거나
장거리 하이킹을 하거나 미국 전역에서 자동차 캠핑을
했다. 몇 년에 걸쳐 손으로 그린《문라이트 크로니클》
이라는 잡지에 이런 여행들을 기록했다.

이 스웨트 로지(sweat lodge, 인디언식 한증막. 증기로 몸의 독소를
빼내 정화와 재생을 도모하는 장소)는 이웃이 허문 울타리에서 주워
온 투바이식스 판재와 고물 지붕 너와판을 써서 지었다.

댄 프라이스는 근방에서 자라는 식물을 수확해 먹거리로 활용한다. 말린 엘더베리, 아마란스, 클로버, 데이지, 질경이, 스피어민트 등이 있다.

강가의 목욕탕 겸 작업실

왼쪽) 댄 프라이스는 컬트 잡지 《문라이트
크로니클》에 자신의 여행과 건축 프로젝트를
일지 형식으로 기록해 왔다.

잡지는 호빗 집 밑에 새로 지은 아트 스튜디오에서 제작했다. 그는 여행을 하면 할수록 땅속의 이 작은 집으로 돌아올 수 있다는 사실에 감사하게 된다고 말한다. 이곳에서는 사슴이 지붕 위에서 뛰어다니는 소리에 아침잠을 깨는 일이 허다하다.

겨울철이면 댄은 하와이에 가서 서핑을 한다. 조셉의 초원을 떠나기 전에는 항상 자물쇠를 채우고 문 앞에 작은 암갈색 불상을 놓아 둔다. "혹시 불상을 훔쳐 가는 사람이 있는지 보려고 거기 두는 거예요." 댄이 말한다. "하지만 그런 일은 없더라구요."

남부 아일랜드의 스코가포스 근방
(케이트 스툭스 제공)

아르헨티나 산 카를로스 데 바릴로체의 암반 옆에
지어진 엘 레푸지오 페트리체크에는 낡은 장작
난로가 있다.
(앤드루 쾨스터 제공)

뉴질랜드 사우스 아일랜드
샘 서머의 움막
(크리스 메닉 제공)

앞장) 스웨덴 스킨스카테베리 근방
보트비드와 크리스티나의 움막
(소피야 토레보 스트린드룬드 제공)

미주리 러틀리지 댄싱 래빗 에코빌리지의
고브코바트론. 브라이언 '지기' 릴로야가 지은 코브하우스
(스티븐 샤피로 제공)

스틱 프레임에 찰흙을 붙여 만든
이 소매점은 2013년 우간다 브윈디 천연국립공원 내
카냐마헤네 마을에서 문을 열었다.
(호사나 오트리 제공)

앞장) **모로코 아이트 베나두**
(올리비아와 이브 맥팔레인 제공)

노르웨이 비케달 산맥 내
올레 파란드가 지은 몰트후셋(흙집)
(요하네스 그뢰뎀, 올레의 손자 제공)

앞장) 호주 시드니 뉴 사우스 웨일즈
크레이터 코브 어부의 움막
(클로이 스나이스 제공)

스웨덴 하르예달렌
달스발렌
(크리스토퍼 마르키 제공)

스웨덴 하르예달렌
(에두 라르찬구렌 제공)

8. 재활용한 집
SALVAGED

양곡 사일로를
개조하는 법

두 형제와 현장파 디자이너가
버려진 건물에 새 생명을 불어넣다.

미주리주 그랜트시티

카일 데이비스는 사일로 측면에 고정된 금속 사다리를
올라가 해치를 열었다. 뜨거운 바람이 확 끼쳐 왔다.
지푸라기와 수백 마리의 무당벌레를 날려 보냈다. 수년 간
아무도 쓰지 않은 텅 빈 파형금속 양곡 창고는 미주리주
그랜트시티 외곽에 있는 벌판에서 뜨거운 오후의 볕을
받으며 달궈지고 있었다. 2011년 봄날이었다. 공기는 이미
후텁지근했다. 햇살이 해치 아래에 있는 어둠을 비추었다.
카일은 내부를 찬찬히 살펴보았다. 지붕에서 바닥까지
20피트 길이의 나선형 금속 오거[18]가 있었다. 거대한
하키스틱처럼 생긴 오거는 수십 년간 곡물을 뒤섞은 적이
한 번도 없는 낡은 모터에 부착되어 있었다. 카일은
느긋한 중서부 사투리로 말했다.
　"저건 지금 당장 떼어 버립시다."
　사일로 밖 20피트 밑에는 테이무어와 리핸 나나 형제가
서 있었다. 형제는 3년에 걸쳐 가족 소유의 땅에 별장을
세우고 싶다는 논의를 해 온 터였다. 1910년 대종조부가
매입한 토지는 307에이커의 초원이었는데, 세월이
흐르면서 조각조각 분할 임대되었다. 1985년 가족은
207에이커를 자연보호 프로그램에 위탁했는데, 이 말은
그 땅에서는 더 이상 경작을 하거나 새로운 건물을 지을

---

18. 드릴송곳. 단단한 곳에 구멍을 뚫거나 균질한 재료를 섞을 때 쓴다.

길에서 보면 양곡 사일로는 아직도 버려진
것처럼 보인다.

수 없다는 의미였다.

어렸을 때 형제는 캔자스시티에서 차를 타고 달려 와서 무성한 숲을 탐험하며 거북이와 개구리를 찾아다녔다. 형제가 조금 더 자라자 아버지, 종조부와 함께 그 땅에서 새 사냥을 시작했다. 형제의 부친은 1970년대에 파키스탄에서 캔자스시티로 이주했고, 종조부는 미주리주 셰리던의 농부였다. 그들은 주말이면 낡은 헛간 하나를 골라 캠핑을 했다. 호두나무, 쥐엄나무, 느릅나무 덤불숲 사이로 수리나 보수가 전혀 되어 있지 않은 버려지고 폐쇄된 건물들이 띄엄띄엄 자리하고 있었다. 1800년대부터 내려온 뼈대만 남은 헛간도 있었고, 1900년대 초반의 학교 교사도 있었으며, 1950년대에 지어진 농장주택도 있었다.

2008년 테이무어가 서른 살, 리핸이 스물 네 살이 되었을 때 형제는 잠도 자고 요리도 하고 사냥도 할 수 있는 좀 더 튼튼한 건물이 필요하다는 결론을 내렸다. 당장이라도 쓰러질 듯한 건물 하나를 골라 개조하자니 돈이 너무 많이 들었다. 자연보호를 중시하는 가문의 철학과도 맞지 않았다. 테이무어는 선박 컨테이너를 연구했다. 인더스트리얼과 모던을 결합한 아이디어가 아주 마음에 들었다. 그러나 컨테이너를 초원 한가운데 갖다 놓으면 몹시 생뚱맞아 보일 터였다.

테이무어는 캠핑을 하는 헛간 옆에 있는 낡은 곡물 창고를 눈여겨보기 시작했다. 사일로를 활용한다면 여러 모로 의미 있을 터였다. 캔자스시티에서 그랜트시티로 가는 도로에서는 어디서나 사일로를 찾아볼 수 있었다. 지난 50년간 농경이 산업화되면서 농장의 규모와 작업의 속도가 급속도로 증가했다. 작은 사일로들은 수요가 없어져 텅 빈 채 녹만 슬어 가고 있었다. 일부는 온라인에서 250달러의 헐값에 팔리기도 했다. 토지 소유자들은 해체하거나 자기 땅 밖으로 옮겨 주겠다고 하는 사람만 있으면 묻지도 따지지도 않고 사일로를 양도했다. 테이무어와 리핸에게는 이미 깡통 사일로가 하나 있었다. 다만 그들은 토목이나 목공 경험이 전혀 없었다. 사일로를 개조할 능력이 있고 그 과정에 형제를 참여시켜 줄 누군가가 필요했다. 쉼터를 만드는 과정에서 형제들은 일손으로 참여하고 싶었다.

테이무어의 어린 시절 친구인 로렌 쉬버가 로렌스

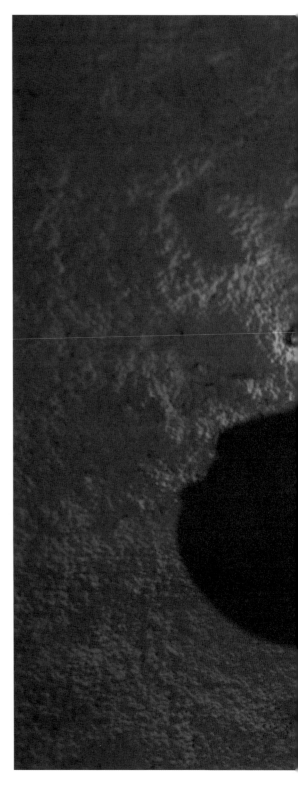

카일 데이비스가 양곡 사일로 내부를 내려다보고 있다. 단열을 위해 스프레이 폼을 사용했다.

소재의 캔자스 대학교에서 얼티미트 프리스비를 하다가 만난 친구 카일을 형제에게 소개시켜 주었다. 카일은 고등학교 때 여름철마다 토목공사 일을 한 이글 스카우트로, 캔자스시티에서 LEED 플래티넘[19] 주택건설에 참여한 경험이 있었다. 대학을 졸업한 후 카일은 캔자스주 맨해튼에 정착해 개인 설계 건축 사무소를 차렸다. 2009년 봄 테이무어와 리핸이 양곡 사일로를 보여 주자 카일은 주저 없이 프로젝트에

착수했다. 그는 해치에 머리를 처박고 아래를 내려다본 후 몇 분 되지 않아 로프를 잡았다. 다른 사람들과 함께 오거를 모터에 연결해서 사일로의 비좁은 뒷문으로 빼내느라 씨름했다. 오거를 철거하자 사일로의 텅 빈 껍데기 속에 잠재성이 얼마나 있는지 살펴보기가 훨씬 쉬워졌다. 테이무어와 카일은 아이디어를 스케치하기 시작했다. 단순히 깡통 안에 벽이 있는 집을 짓는 정도로 만족할 수 없었다. 그들은 원형의 실내를 가리고 싶지 않았다. 오히려 더 눈에 띄게 드러내고 싶었다.

2011년 9월 카일은 다른 친구 둘을 더 불렀다. 테이무어, 리핸, 로렌이 현장에서 만났다. 그들은 근처

19. LEED(Leadership in Energy and Environmental Design), 미국 녹색빌딩위원회(US Green Building Council)에서 개발, 시행하고 있는 친환경 건축물 인증제도. 지속가능한 대지계획, 수자원의 효율성, 에너지 및 대기, 재료 및 자원, 실내환경의 혁신 및 설계과정 등이 평가 대상이 된다.[한경 경제용어사전]

원형 톱으로 사일로를 자르고 규격 파티오
문틀에 판유리를 넣어서 문을 강화했다.

헛간에 가스 발전기를 설치하고 목공소를 차린 후 자재를 찾기 위해 사유지를 뒤지기 시작했다. 7년 전 토네이도가 덮쳐 사일로에서 차로 5분 거리에 있는 헛간 하나를 박살낸 적이 있었다. 1800년대 후반에 지어진 가로 64피트, 세로 40피트의 포스트앤빔[20] 건물로 현재 어마어마한 폐자재 더미로 변해 있었다. 맨 위층은 거의 쓸모가 없었지만 그 밑을 파 보니 널판과 들보가 꽤 많이 보존되어 있었다. 카일 팀은 조심스럽게 조각들을 떼어 내 목공소로 가지고 왔다. 그들은 목공소 공간 위의 건초간도 유심히 살펴보았다. 2피트 높이로 쌓인 밀짚과 흙먼지 층 밑에서 소나무 널판을 발견한 그들은 부패되지 않은 멀쩡한 것들을 따로 골라 두었다. 카일은 형제들에게 전동 플레이너[21]를 쓰는 법을 가르쳐 주었다. 그 작업만 두고 보면 시끄럽고 단조로웠지만 풍화된 겉면을 벗겨 내고 목재의 결이 다시 드러나자 보람차고 뿌듯했다.

형제가 열심히 목재 널판을 플레이너에 넣는 사이 카일은 사일로의 작업으로 돌아갔다. 사일로의 일부를 커다랗게 도려내고 그 자리에 긴 창호를 설치할 계획이었다. 잘라낸 금속은 다시 붙여서 사일로를 쓰지 않는 동안 유리를 보호하는 덮개로 활용할 예정이었다. 규격창호를 주문하는 대신 카일은 파티오 문틀을 쓰기로 했다. 비교적 저렴한 데다 규격 사이즈로 제작되기 때문이다. 창문은 사일로의 남쪽으로 내기로 했다. 그 방향이 겨울에 따뜻한 직사광선을 최대한 많이 받고 여름에 지는 해의 열기를 최대한 차단할 수 있기 때문이다. 근처 비포장도로에서 보아도 창문은 전혀 보이지 않았다. 별 생각 없이 지나치는 사람들의 눈에는 여전히 잡풀이 무성하게 우거진 벌판에 버려진 낡은 사일로로 보일 터였다.

카일은 사일로를 잘라낸다고 생각하긴 했지만 걱정스러운 점이 없지 않았다. 가로 7피트, 세로 14피트를 잘라내고 나면 구조물의 본질적 특성이 훼손될 수도 있었다.

카일이 원형 톱을 금속에 대고 힘을 주자 사방으로 불꽃이 튀었다. 다들 귀마개를 하고 있어야 했다.

---

20. Post and Beam, 기둥과 도리, 장선으로 이루어진 골조
21. planer, 평면절삭용 공작기계 중의 하나. 평삭반이라고도 한다.

"사일로 안에서 들으면 귀머거리가 될 지경이었어요." 카일이 회상한다. "사일로 전체가 거대한 잔향실이라 소리가 계속 울리는 거예요. 그 속에 있으면 너무 시끄러워서 아무 생각도 할 수가 없었어요." 처음 두 번은 위에서 아래로 수직 절단을 했다. 창문이 들어갈 공간의 양쪽 끝을 표시한 셈이다. 카일은 그 끝에 경첩을 달았다. 문을 다 잘라내기 전에 하드웨어를 모두 설치해 놓고 싶었다. 그러지 않으면 경첩을 다는 사이 각 조각을 손으로 지탱하려고 안간힘을 써야 했다.

카일이 마지막 두 번의 수평 절단을 마치자 건물이 바깥쪽으로 반 인치 푹 꺼졌다. 재빨리 긴 L자형 철재를 가져다 땅과 사일로 사이에 쐐기처럼 끼워 넣었다. 그것은 카일이 다른 부분을 작업하는 사이 받침을 임시로 고정해 주었다. 창틀 양쪽을 빔 두 개로 고정하자

사일로가 항구적으로 지지되었다.

그 후로 2주일 동안 건설팀은 목재를 판판하게 다듬고 빔을 매끄럽게 사포질하고 실내 장식을 조립했다. 아침에 일어나면 그 지역 트럭 정류장으로 가서 소시지와 햄으로 아침식사를 하고 곧장 사일로로 달려가 하루 15시간씩 작업했다. 마루 조이스트[22], 로프트를 떠받칠 빔, 그밖에 공중부양 계단통 작업은 단계별로 진행했다. 분홍색 스티로폼 단열재를 설치하고, 중간층에 마감처리를 하지 않은 헛간의 판재를 넣고, 마룻널을 깔아 기본적인 단열마루를 완성했다. 계단은 헛간에서 발굴한 커다란 보강 빔 두 개를 사포로 마감해서 썼다. 계단은 10인치 볼트로 사일로 벽에 부착했다. 허공에 뜬 계단들은

---

22. joist, 대들보나 벽 사이 여러 개를 평행으로 걸치는 소형의 보. 그 위에 바닥이나 천장을 마감한다.[건축용어사전]

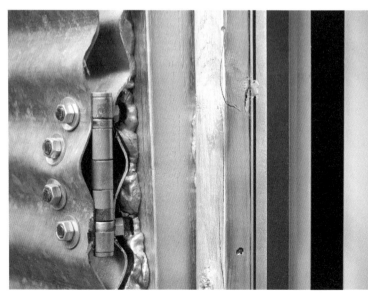

하나씩 따로 놓고 봐도 안정된 느낌이었지만 카일은
지지력을 강화하기 위해 긴 철제 빔을 모두 연결했다.
사일로 측면을 따라 긴 튜브 스틸이 올라가도록 난간도
만들었다. 직선인 튜브 스틸을 휘어지게 하려고 한쪽
끝을 통나무에 놓고 중간에서 펄쩍펄쩍 뛰었다. 당시
사람들은 그 방법에 대해 회의적이었다. 하지만 카일은
다른 대안이 없다는 걸 알고 있었다. "우리는 완전히
막막한 상태였어요. 그래서 '그냥, 뭐, 어디 한 번 알아내
보자.' 이런 식이었죠." 카일이 말한다. "한 군데는 좀
타이트해서 레일 뒤로 간신히 손 하나가 들어갈까 말까
했어요. 하지만 통나무에서 펄쩍 펄쩍 뛴 것 치고는, 뭐,
아주 썩 잘된 거죠."

　다섯 개의 창에 창틀을 달고 주문제작한 유리문을
설치했을 무렵, 사일로는 완전히 변모해 있었다.

각 계단은 사일로 측면에 볼트로 고정되었다.
철제 빔이 지지력을 강화해 준다.

반대편 위) 개인 샤워 공간 벽은 사유지에서
발견된 파형 금속을 썼다.

반대편 아래) 경첩 덕분에 사일로에 난 두 개의
대형 문을 자물쇠로 잠글 수 있다.

이제 전기 시스템만 재배치하고 전력을 넣기만 하면
되었다. 싸늘한 겨울마다 형제들은 작은 전기난로를
꽂아서 썼다. 덥고 습한 여름철에는 에어컨을 가동했다.

대체로 형제는 날씨가 쾌적하고 식물을 심기에 좋은
봄과 가을에 주로 이곳을 방문했다. 2013년에는
207에이커의 보호지역을 거친 평원으로 되돌리는 작업에
착수했다. 참새귀리와 김의털 같은 잡초를 제거하고 대지
전역에 걸쳐 꽃가루 매개자가 될 만한 식물을 군데군데
모아 심어 14에이커 가량의 화분수 재배지를 구성했다.
토박이 풀과 꽃으로 충만한 이런 곳들은 그 지역의 곤충과
새, 특히 풀밭에 둥지를 꾸리고 알을 낳는 꿩과 메추리를
불러 모으고 유지하는 데 도움을 주었다. 형제는 또한
흰꼬리사슴처럼 큰 야생동물의 먹이를 주기 위해 수수와
조도 심었다. 두 사람은 이 땅이 언젠가는 500년 전의
모습을 회복할 수 있기를 희망하고 있다. 시간이 흐르면
버려진 건물들도 풍광에 집어삼켜질 것이다. "예전에
이곳에서 살았던 사람들이 남긴 작은 지표들이 모두 남아
있어요. 사일로는 이 땅에 우리 세대가 남기는 표식이 될
것입니다." 리핸이 말한다. "우리 형은 아이들이 있어요.
저도 아이를 갖고 싶고요. 그 아이들이 여기 나와서
이곳을 돌봐 주면 참 좋을 것 같아요."

웨스트 버지니아의 선셋 하우스는 라일라와 닉이 고물
폐기장에서 주워 온 창호를 활용해 지은 것이다.
사유지의 헛간에서 재활용한 목재는 전 토지 소유주가
몇 년 전에 이미 잘라서 제재해 놓은 것이었다.
(라일라 호위츠 & 닉 올슨 제공)

네덜란드 그로닝겐에 있는 이 버스는
이동식 잡화상이었다가 현재는 10대들의
침실로 쓰이고 있다.
(마리에케 제공)

스웨덴의 트레일러 주택
(레이다 프리첼 제공)

혼다 시빅을 개조한 캠핑카
(제이 넬슨 제공)

폭스바겐 배나곤 버스를 위에 얹은 블루버드 스쿨버스
(포스터 헌팅턴 제공)

슬로바키아 프리에비드자의 개조한 객차
(카타리나 두브코바 제공)

뉴질랜드 오지 피오르드랜드의
오래된 양치기 캠프에 소재한 판잣집
(크리스 메니그 제공)

앞장) 캐나다 브리티시 콜럼비아주의 바닷가.
선박을 개조한 이 집에서 여덟 명의 아이가 태어나
성장했다.
(마크 매키니스 제공)

영국 노섬벌랜드 해안가에 인접한
리디스판
(린 패트릭 제공)

영국 웨일즈 매킨레스
(알렉스 홀랜드 제공)

폐품이나 기부받은 자재를 활용해 1500달러 이하의 비용으로 지은
오두막에는 태양광 패널, 빗물 수집, 가스보일러 노천탕, 원격조종
도개교가 설치되어 있다.
(조노 윌리엄스 제공)

텍사스 갤버스톤의 티케틀 하우스
(라이더 W. 피어스 제공)

291

선박에서 와인을 저장하던 통으로 만든 오두막은
스웨덴 룰레오 근처에서 제작되었다.
(킴 워커 제공)

9. 돔형의 오두막집
GEOMETRIC

유르트[23]를
짓는 법

두 아들이 전기도 들어오지 않는
가족의 휴양지에 그들만의 낙인을 찍다.

🌲

뉴욕주 킨

2002년 봄 닉 패럴은 아버지에게 유르트를 하나 더 짓고
싶다고 말했다. 포근한 오후였고, 두 사람은 닉의 부모
그레그와 캐시가 90에이커의 대지에 1976년에 건축한
유르트 옆에 서 있었다. 닉의 부친은 '캠프 더들리'
여름캠프의 상담사로 일하던 1956년 애디런댁산맥
북동부에서 이 작은 마을을 발견했다. 소나무, 솔송나무,
가문비나무, 자작나무가 무성하게 우거진 이 지역의 숲을
헤치며 카누 여행을 하고 하이킹을 했던 기억은
그레그에게 절대적인 영향을 미쳤다. 세월이 흘렀지만
그레그는 꾸준히 북부 애디런댁산맥을 찾아와 캠핑과
하이킹과 낚시를 즐겼다. 1965년 아내 캐시를 만났을
때도 두 번째 데이트가 5344피트 높이의 마시산
등반이었다.
　　1973년 결혼한 부부는 맨해튼의 로프트에 살면서
그들만의 땅을 찾아내는 백일몽에 젖어 있었다. 그 해에도
어김없이 킨을 찾은 부부에게 그 지역의 부동산

---

23. Yurt, 중앙아시아 키르기스 지방 유목민이 사용하는 천막. 펠트를 재료로 하며
형태는 몽골의 게르와 같고 원뿔 모양의 지붕과 원기둥 모양의 벽으로 되어 있다.
여름에는 벽에 발을 쳐서 통풍을 좋게 하고, 겨울에는 돌이나 흙으로 진을 쳐 추위를
막는다. 유르트는 유목민 본래의 주거였으나, 오늘날에는 정착생활을 하면서 보조
집으로 사용하는 예가 많다. 아프가니스탄의 유르트는 모난 아라비아식 천막을
사용한다.[두산백과사전]

대지에 지은 두 채의 유르트 중에서 보다 작은
첫 번째 유르트

중개업자가 이제는 폐기된 벌목용 등산길에 인접한
빽빽한 숲 100에이커를 보여 주었다. 그레그는 대지의
한가운데를 가르는 시냇물이 특히 마음에 들었다. 1년
내내 흐르는 물소리가 숲 전체를 백색소음으로 뒤덮었다.
시냇물까지 가려면 방문객들은 숲을 관통하는 길을 따라
0.3마일 정도 하이킹을 해야 한다. 트럭이 지나갈 수 있는
넓은 도로가 없어 모든 장비와 보급품은 짐에 꾸려
옮겨야 했다. 몇 년 동안 천막에서 야영을 한 그레그와
캐시는 냇가에 제대로 된 시골풍 쉼터를 지을 때가
되었다는 결론을 내렸다. 두 사람은 손수 집을 짓고
싶었다. 그러나 그레그는 목공 경험이 별로 없었다.
게다가 도시에 직장이 있는 부부가 낼 수 있는 시간은
고작 2주일밖에 되지 않았다. 건축적으로 선택의 여지가

많지 않았다. 한 친구가 유르트라는 원형 가옥을 고려해
보면 어떻겠느냐고 제안했다. 그는 빌 코퍼스웨이트라는
사람의 연락처를 알려 주었다.

코퍼스웨이트는 직접 조립할 수 있는 유르트의
설계자로 평판을 쌓고 있었고, 유르트는 북아메리카
전역에서 "대지로 되돌아가자."고 외치는 사람들에게
한창 인기를 얻고 있었다. 수천 년 동안 중앙아메리카의
유목민들이 사용해 온 가옥 형태인 유르트는 접이식
목재골조를 천으로 덮고 밧줄로 한데 고정하는 천막
비슷한 구조물이다. 2013년 세상을 떠난 빌은 텁수룩한
머리의 전직 수학교사로, 현대화되고 한층 내구성이
좋아진 유르트 건설 방식을 개척했다. 1968년 하버드
대학교에서 교육학 박사 학위를 따는 동안에는 캠퍼스에

송판을 물에 적셔 휘게 하여 유르트의 출입구를
만들었다.

빨간 지붕의 작은 유르트 한 채를 지어 생활했을 정도다. 600달러만큼의 자재를 활용해서 단 이틀 만에 지은 집이었다. 1973년에는 메인주 마키어즈포트에 소재한 500에이커에 달하는 숲속에 무려 여섯 채나 되는 유르트를 지어 살았다. 그중에는 큐폴라까지 얹은 3층짜리 초대형 유르트도 있었다. 작업은 거의 수공구로 했다. 빌이 사는 유르트 복합건물에는 전화도 전기도 없었다. 유르트를 짓고자 하는 사람들이 빌과 연락을 취하려면 편지를 써서 우편으로 부쳐야 했다. 흥미가 생기면 빌이 자기 집까지 오는 약도를 그려서 답장을 보내 줄 터였다.

1976년 그레그와 캐시는 무성한 덤불숲이 양옆으로 늘어선 등산로를 1마일 반이나 걸어 빌을 만나러 갔다. 킨에 유르트를 지을 수 있도록 도와달라고 부탁하자 그는 흔쾌히 승낙했다. "돈 이야기를 명확하게 하지는 않았어요." 그레그가 회상한다. "우리는 에너지의 교류에 대해 말했지요." 1976년 8월 그레그와 캐시는 사유지를 찾아온 빌을 환영했다. 친구, 부모, 직장동료와 동네사람들로 이루어진 50명의 작업팀이 돌아가면서 작업을 해서 냇가에 소박한 유르트 한 채를 올렸다. 문과 창문을 제외하고 전부 마무리하는 데 9일이 걸렸다. 집을 짓는 데는 사슬톱 말고는 전동공구가 전혀 필요하지 않았다. 사슬톱은 토대에 세울 거대한 솔송나무 기둥 네 개를 자르는 데 쓰였다. 그 과정은 쉽지 않았지만 즐거웠다. 호빗 집이 둥글게 휘어진 유르트의 출입구를 만들기 위해 빌은 그레그에게 송판을 물에 적셔 천천히 휘게 하는 법을 가르쳐 주었다. 그레그는 첫 번째 송판을 가지고 배운 대로 해 봤지만 열쇠구멍처럼 생긴 문에 끼워 넣으려 하는 순간 금이 가더니 부러지고 말았다. 다른 송판을 물에 적셔 또 시도했다. 그리고 또 시도했다. 다섯 번째 이르렀을 때 마침내 송판을 끼울 수 있었다. 튼튼한 다층 구조를 만들기 위해서 똑같은 과정을 여러 번 반복했다. 그렇게 건물은 완성되었다. 그레그와 캐시에게 유르트는 단순한 쉼터만은 아니었다. 땅에 닻을 내리고 정착한, 안정감을 주는 존재였다. 마을 사람들은 패럴 가를 찾아와 그 둥근 건축물을 경탄의 눈으로 바라보곤 했다.

유르트를 짓기 전 부부는 강 한가운데 있는 섬까지

유르트의 의자는
수납 기능도 겸한다.

이어지는 다리를 놓았다. 그곳에 팬트리, 피크닉 테이블, 벽돌 화덕을 지어 시냇물에서 잡은 송어를 요리해 먹었다. '팬트리 아일랜드'를 기점으로 많은 프로젝트들이 이어졌다. 쓰러진 나무들을 이용해(대체로 솔송나무였다.) 강을 따라 연결로를 만들었다. 닉과 앤드루 형제가 소년이었던 1980년대에는 나무통으로 사우나를 만들기도 했다. 장작을 때는 스노클 스토브를 써서 온수탕도 만들었다. 1990년 무렵에는 유르트에서 하류로 내려가면 나오는 인디언 티피를 허물고 달개지붕 집을 만들었다. 당시에는 삼면이 통나무로 된 건물이 애디런댁산맥 지방에서 한창 유행이었다. "계획 같은 건 없었어요. 하나를 하다 보면 자연스럽게 또 다른 걸 하게 되고 그렇더라고요." 그레그가 말한다. "그러다 보면 썩 근사한 게 나왔죠."

가족 캠프는 도시로부터 일탈하는 네버랜드처럼 꾸준히 맥을 이어왔다. 패럴 가족 모두 유르트에서 캠핑을 한 세월이 수년에 달했다. 그레그와 캐시는 촛불을 켜놓고 아이들에게 책을 읽어 주곤 했다. 형제는 어느새 자라나 낚시를 하고, 나무를 기어오르고, 유르트의 장작 스토브에 넣을 땔감을 패고, 달개지붕 집에서 야영하는 법을 배웠다. 자작나무 껍질로 만든 뗏목을 타고 시냇물에서 경주를 하고, 냇물에 돌멩이를 던져 당시 유행하던 비디오 게임 '척락(chuck Rock)'을 따라하며 놀았다. 최근 두 사람은 시냇물 한가운데를 가로지르는 집라인을 설치했다.

2002년 봄 스무 살이 된 닉은 언젠가 그도 동생도 결혼을 하고 아이들을 갖게 될 거라고 생각하게 되었다. 그렇게 되면 모두를 수용할 수 있는 집이 하나 더 필요해질 것이다. "반박할 수가 없는 논리 같구나." 그레그가 대답했다. 그레그는 친구 빌에게 한 통의 편지를 더 보냈다. "따뜻하고 상냥한 분은 아니셨어요." 닉이 회상한다. "투덜거리면서 할 일 다 하시는 스타일이셨죠." 형제는 빌의 3층 유르트와 비슷한 2층 유르트를 제안했지만 빌은 단칼에 거절했다. 그는 덜 복잡하고 시간이 적게 드는 건물을 구상하고 있었던 것이다. 빌은 닉과 앤드루에게 목재 목록을 작성해 주었다.

형제는 여름 내내 수공연장들을 냇가로 옮기는 작업을 했다. 그들이 고른 땅은 원래 있던 유르트보다 상류에

장작을 때는 나무통 사우나는
원래 있던 유르트 근처에 있다.

있었다. 어린 솔송나무들이 빽빽하게 우거진 곳이었다. 밤에, 주말에, 친구의 돔 지붕을 이어 주는 일을 포함해 이런저런 자투리 작업을 하는 사이사이에 형제는 몇 시간씩 짬을 내어 개벌[24]을 했다. 3.5피트 깊이의 구덩이를 파 기둥 박을 자리를 만들고 토대를 다지기 위해 콘크리트를 부었다. 친구들을 데리고 와서 유르트 건설 작업에 도움을 받기도 했다. 그레그와 캐시도 일손을 도왔다. 결국 이번에도 얼추 50명에 달하는 일꾼들이 돌아가며 일하게 되었다.

저녁마다 형제와 친구들은 위스키와 사라냑 페일에일을 마시며 새벽 1시까지 모닥불 가에서 놀았다. 다음날이면 새벽 6시 30분에 일어나 아침을 먹고 7시 정각이면 작업을 시작했다. 그때가 빌이 제일 좋아하는 시간이었다. 닉에게 가장 어려운 일은 두툼한 나뭇조각을 여러 개 잘라 천창을 내는 일이었다. 빌은 사각자를 써서 정확한 각도를 맞췄다. 닉은 이웃한테 빌린 낯선 테이블톱을 가지고 작업하느라 몇 시간씩 씨름해야 했다. 닉이 완성된 블록을 가지고 돌아갔을 때 빌은 흡족한 얼굴을 했다.

2주일 후 상류의 유르트가 완성되었다. 2006년 이후로 여름마다 30명에서 40명에 달하는 친구와 가족들을 불러 캠핑을 하고 바비큐 파티를 하고 기타와 드럼을 연주하고 곤드레만드레 취하기도 했다. 그들은 해마다 여는 이 행사를 유르트페스트라고 명명했다. 2014년 형제는 팬트리 아일랜드에서 건축 프로젝트를 기획했다. 그 전에 그레그는 닉에게 한 가지 조언했다. "마음을 편하게 먹고 친구들의 실수를 받아들여라." 그들은 공동체를 먹여 살릴 식료품과 보급품을 저장할 수 있는 더 큰 팬트리를 짓기로 했다. 형제는 종종 유르트페스트에 친구들 몇 명을 불러와 함께 즐긴다. "부성애의 승리죠." 그레그가 말한다. "제가 한 일은 별로 없습니다. 닉과 앤디가 반드시 계승해 나가야 한다는 생각을 힘주어 고집하지는 않았거든요. 녀석들이 얼마나 좋아하는지 볼 때마다 놀랍기도 하고 기쁘기도 하고 늘 그렇습니다."

---

24. clear cutting, 인공림 조성을 계획할 때 실시하는 임목 벌채의 한 방법. 엄격한 의미에서의 개벌이란 우량목·불량목·대재목·소재목의 구별없이 일시에 임목 전부를 벌채하는 것을 말한다. 그러나 실제 개벌 작업을 할 때는 이용 가치가 없는 공동목·소재목 등은 그대로 남겨 두는 것이 보통이다.[두산백과사전]

아카이브
ARCHIVE

파로 아일랜드의 키비크
지오데식(되도록 같은 길이의 직선 부재를 써서
구면 분할을 한 트러스 구조의 돔 형식) **이글루**
(사라 마테이 제공)

버지니아주 베이츠빌의 스티로폼 돔 주택
(세스 데니즌 제공)

스위스 레 세르니에의 화이트포드
(소피아 토레보 스트린드룅 제공)

앞장) **웨일즈 카디건 근방의 포레스트 캠프**
(잭슨 터커 린치 제공)

중국 실크로드를 따라 산재한 유르트
(아멜리아 앤더슨 제공)

영국 웨스트 콘월
보드리프티 라운드하우스
(이안 킹즈노스 제공)

알렉 파머와 울라 제로가
스코틀랜드의 덤프리즈와 갤러웨이에 지은
현대적 유르트
(나이얼 M. 워커 제공)

메인주 마키아즈포트 근교
윌리엄 코퍼스웨이트의 동심 원형 유르트 주택
(앤드루 윌리엄 프레데릭 제공)

메인주 조지타운의 인디언 포인트
(토마스 모지즈 제공)

캐나다 브리티시 콜럼비아주
가발디 프로빈셜 파크 내
웨지마운트 레이크 헛
(이선 웰티 제공)

앞장) **크로아티아 벨레비트**
벨리코 루이노 밸리의 쉼터
(마테아 시우스 제공)

아이슬란드 스티키숄무르 근방의 A형 가옥
(피터 베이커 제공)

뉴질랜드 모코히나우 군도 내
등대지기의 집
(팀 돌라모어 제공)

캐나다 카나타 아키의 티피
(미나 세빌 제공)

Layout & Design
매트 캐시티

Photo Editor
크리스틴 포르티어

Illustrations
대런 라비노비치

Photo post-Production
자크 비탈레

Research
티모시 레슬리

Beaver Brook Residents

톰 보나미치	넬 클라인
크리스티나 코헨	자크 클라인
엘리 코헨	데릭 래셔
이단 코헨	매트 레러
제이스 쿡	캐시 마코토스
제이슨 프라이드	미르자 나기
브라이언 제이콥스	아이린 폴니
노아 칼리나	제이미 윌킨슨
그레이스 카핀	팔로마 "포피" 윌킨슨
코트니 클라인	아르민 조모로디

Thanks to Hosts
데니스 & 크리스틴 잉글리시
리사 시트코 & 더글러스 아머
데니스 카터 & 아넬리 카터순크비스크
샘 & 루벤 콜드웰
이선 슐루슬러 & 줄리 맥켈란
데이브 프레이지, 빅토르 신디 & 인디라 베른트손
댄 프라이스, 카일 데이비스, 테이무어 & 리핸 나나
로렌 쉬버, 파렐의 가족

Special Thanks
라치드 파인, 개럿 맥그래스, 스코트 뉴커크

캐빈 폰 사이트(cabinporn.com/submit)를 방문하여 당신의 집을 전 세계 사람들과 공유하세요.

이 책에 자신의 집을 소개한 사람들

코너 찰스
앙카 람프레크트 & 루카스 베젤
헨릭 보네비에르
줄리우스 크리스토퍼 바르시 박사
테일러 L. 애플화이트
피터 터너
타일러 오스틴 브래들리
헤우쿠르 시구르손
톰 파웰
잉게 베게 & 요한 뉘세트 라움
요나스 로이셰
제임스 보우덴
조슈아 랭레이즈
존 T. 포스터
마리아 폴리아코바
러스탄 칼슨
J. L. 케인
슈테판 구치
케이트 스톡스
루에디 발티
패트릭 주스트
빈센트 마뉴
브라이스 포르톨라노
랜털 플로우먼
스테파니 슈스터
미나 세빌 sending-postcard.com
크리스토퍼 마르키
케이트 배럿
케이시 그린
주나스 미콜라
조나단 체리 jonathancherry.net
이선 웰티 hutmap.com
제이슨 본 jasonvaughnart.com
스투 J. 비즐리
자한 자일스
피터 매클라렌
포스터 허팅턴
프란시스코 마투찌
딘 에이짐
커스틴 브라치
린다 올드리지
알렉 밀러
예스터모로우디자인/빌드 스쿨
에릭 A. 젠센
케이티 앤더슨
매트 베크메이어 @nycviaco
앤드루 랜빌 andrewranvile.com
조엘 앨런

록 페즈디르크
피터 룬드스트롬 WDO
페니 클레이
아돌프 베로이터
피에르 윅버그
제이미 디아즈베리오
세바스티안 체르다 페 AATA 아키텍토스
바딤 세랑돈
비르게 비에르텍
메이슨 세인트 피터
클라이드 파울
세바스티안 하이제 batah.de
가우덴즈 다누저 gaudenzdanuser.com
앤드루 쾨스터
크리스 메닉
소피야 토레보 스트린드룬드
스티븐 샤피로
호사나 오트리
올리비아 & 이브 맥팔레인
요하네스 그뢰뎀
클로이 스나이스
에두 라르찬구렌
라일라 호위츠 & 닉 올슨
레이다 프리첼
제이 넬슨
카타리나 두브코바 katarinadubcova.tumblr.com
크리스 메니그
마크 매키니스
린 패드릭
알렉스 홀랜드
조노 윌리엄스
라이터 W. 피어스
프랑수아 롬바르
킴 워커
사라 마테이
세스 테니즌
잭슨 터커 린치
아멜리아 앤더슨
이안 킹즈노스 hiddenhideaways.co.ur
나이얼 M. 워커
앤드루 윌리엄 프레데릭
토마스 모지즈
마테아 시우스
피터 베이커
애런 처비니크
팀 돌리모어

옮긴이 | 김선형

서울대학교 영어영문학과를 졸업하고 동대학원에서 박사학위를 받았다. 2010년 유영번역상을 받았다.
옮긴 책으로 『미 비포 유』, 『은하수를 여행하는 히치하이커를 위한 안내서』, 『실비아 플라스의 일기』,
『M 트레인』, 『시녀 이야기』, 『불타는 세계』, 『수전 손택의 말』 등이 있다.

캐빈 폰

1판 1쇄 펴냄 2017년 8월 16일
1판 5쇄 펴냄 2020년 11월 10일

지은이 | 자크 클라인 · 스티븐 렉카르트 · 노아 칼리나
옮긴이 | 김선형
발행인 | 박근섭
책임편집 | 장미
펴낸곳 | 판미동

출판등록 | 2009. 10. 8(제2009-000273호)
주소 | 06027 서울 강남구 도산대로 1길 62 강남출판문화센터 5층
전화 | 영업부 515-2000 **편집부** 3446-8774 **팩시밀리** 515-2007
홈페이지 | www.panmidong.com

도서 파본 등의 이유로 반송이 필요할 경우에는 구매처에서 교환하시고
출판사 교환이 필요할 경우에는 아래 주소로 반송 사유를 적어 도서와 함께 보내주세요.
06027 서울 강남구 도산대로 1길 62 강남출판문화센터 6층 민음인 마케팅부

한국어판 ⓒ(주)민음인, 2017. Printed in Seoul, Korea
ISBN 979-11-5888-299-0 13540
ISBN 979-11-5888-738-4 13540 (set)

판미동은 민음사 출판 그룹의 브랜드입니다.